成为学霸

BECOMING A TOP STUDENT

学习习惯

何沛之◎编著

应急管理出版社
·北 京·

图书在版编目（CIP）数据

学习习惯／何沛之编著．－－北京：应急管理出版社，2023

（成为学霸）

ISBN 978－7－5020－9871－1

Ⅰ.①学…　Ⅱ.①何…　Ⅲ.①中学生—学习方法　Ⅳ.①G632.46

中国版本图书馆 CIP 数据核字(2022)第 242161 号

学习习惯（成为学霸）

编　著	何沛之
责任编辑	高红勤
封面设计	牧　野

出版发行	应急管理出版社（北京市朝阳区芍药居 35 号　100029）
电　话	010－84657898（总编室）　010－84657880（读者服务部）
网　址	www. cciph. com. cn
印　刷	唐山玺鸣印务有限公司
经　销	全国新华书店

开　本	710mm×1000mm$^1/_{16}$　印张　42　字数　554 千字
版　次	2023 年 7 月第 1 版　2023 年 7 月第 1 次印刷
社内编号	20221629　　　　定价　128.00 元（共四册）

学习方法的重要性不言而喻。每次谈到这个问题时，我都会对同学们说："好成绩，99%都来自好方法。这不是夸张，一个好的学习方法抵得上悬梁刺股。"遗憾的是，还是有很多同学不重视学习方法，或者没能掌握适合自己的学习方法，结果在考场上铩羽而归。

这些同学之所以失利，一个重要的原因就是不善于从成功者身上吸取经验教训。广东省高考文科状元胡创欢说："我的学习秘诀就是：刻苦努力+方法正确+少说废话=成功。我经常阅读高考状元谈学习经验方面的文章，通过汲取他们的成功经验，不断改进、完善自己的学习方法，使之更适合自己。"

我非常赞同胡创欢同学的观点。从迈入中学到迎战高考，每一个同学面对的其实都是一条自己没有走过的路，其中的酸甜苦辣，都需要靠自己去摸索、尝试和探寻。这个时候，如果你能借鉴成功者（比如高考状元）的经验，就一定能少走许多弯路，在学习上事半功倍。

在我看来，学习成绩优异的学生，并不只是因为智商超群，而是因为他们掌握了最佳的学习方法。如果你能从他们分享的学习经验中提炼、总结出适合自己的学习方法，无疑就掌握了一条学习捷径。

此次出版的"成为学霸"丛书，就是为了向同学们进一步呈现高考状元的成功经验和学习智慧。丛书根据中学生学习内容、方式和重心的不同，分为《学习习惯》《记忆方法》《听课技巧》《时间管理》4册，全面、翔实地囊括了中学阶段应该具备的基本学习方法。

本系列丛书的突出特点是：

1. 精选多名高考状元的成功经验。每册都精选了100多位考入知名大学的高考状元的成功经验和心得体会。

2. 内容全面翔实。本系列丛书分别从记忆方法、听课技巧、学习习惯、时间管理等4个方面，总结了状元们在学习上的独家秘籍。

3. 方法简短易读。书中记录的每一种方法和技巧，都非常简短、易读，可以让大家在几分钟内读完，这样既不会过多地占用你的学习时间，又能够在潜移默化中改进你的学习方法。

　　方法对了，你在学习中面临的问题就能迎刃而解。赶紧翻开这套书，读一读，找到适合你的学习方法吧！

目 录 CONTENTS

第1章 ➡ 时间管理：让你的每一分钟都变得有价值

第2章 ➡ 做好预习：掌握知识快人一步

第3章 ➡ **听课好习惯：学会做课堂学习的主人**

第4章 ➡ 复习有讲究：构建完整的知识体系

第5章 ➡ 课外阅读：使你的各项能力更上一层楼

第6章 ➡ **学会考试：良好的应试习惯助你更成功**

第1章

时间管理：
让你的每一分钟都变得有价值

　　根据我多年的教学经验和观察，那些善于管理时间的同学，能合理分配学习、娱乐、运动、睡眠等时间，学习效率特别高，他们大多学习成绩优异；而那些没有很好地管理时间的同学，学习起来没有目的性，学习状态散漫，最终影响了自己的学业。高中三年的时间，对每个同学都是平等的，谁懂得更有效地利用时间，谁就可以得到时间老人的奖赏。这一章，我们把各地高考状元的时间管理经验整理出来，希望同学们能够从中有所借鉴，都成为时间管理的高手！

001
时间管理从制订学习计划开始

一位成绩较差的学生曾经问我："老师，我怎样才能把成绩提上去啊？"看着这位同学迷茫的眼神，我想说的话很多，但说多了又怕这位同学"知难而退"，于是我问他："你有自己的学习计划吗？""没有……"这位同学低下了头。"那你从制订学习计划开始吧！记住，计划要详细，最重要的是执行。"后来经过我一系列的指导，这位同学的学习成绩终于赶上去了。

状元经验谈| 我们的好方法

> ☒ **马悦**
>
> 宁夏回族自治区高考文科状元
>
> 我高中时的学习秘诀很简单，就是制订一个学习计划。每天、每周、每月都要有详细的学习内容。制订计划并不难，关键是如何坚持下去。高三最后一个学期，我的英语还是弱科，那时我果断调整了计划，将英语提高到了一个重要的位置。每天中午坚持做一篇完形填空，每天睡前做一篇阅读理解，这样一直坚持到高考前三天。高考成绩下来后，我的英语成绩没有拉后腿！

👤 **周晨**

浙江省高考理科状元

　　我的心得就是养成有计划性的学习习惯。设立一个目标，然后每一阶段都制订具体的学习计划。比如，每一学科的重点是什么？每一天的学习任务是什么？以语文这一学科为例，一模到二模期间，我主要是抓现代文阅读；二模到三模之间，我的重点就是抓作文。而在考前一星期，我慢慢调整心态。这样一步一步有计划地学，最终目标才得以实现。

👤 **郑秋月**

辽宁省高考文科状元

　　我觉得学习的前提是制订一个有效的学习计划，不同学科有不同的学习要求。我们在制订学习计划时，一定要根据学科进度以及特点来确定明确的学习目标。比如，学习语文时要多积累，多拿出一些时间阅读名著、古诗，多背诵；学习数学则要在计算方面多花点时间；至于英语，我们可以每天利用早上的黄金时间段背诵课文以及单词等。详细的学习计划给了我一个好的开始。

　　从上面各位高考状元身上，我们不难发现一个共同点：他们都非常重视制订学习计划，并切实地执行学习计划。一项好的学习计划，可以促使自己按照既定目标去奋斗，不荒废时间，最大限度地发挥自己的潜能。

　　接下来，我们就谈谈科学地制订学习计划的具体方法。

1. 统筹兼顾法 ✏️

　　在制订学习计划时，必须将学习与其他各项活动统筹安排。除了学习、吃饭、睡觉等必不可少外，应该把娱乐和锻炼时间也计算在内，也别忘了给自己留一点与朋友和家人谈天、看电视和欣赏音乐的时间。过一种健康而有规律的生活，这是有效学习的基础。由此可见，一个全面的学习计划是把学习、休息、活动的时间都进行科学的安排。

2. 切合实际法 📝

科学计划应建立在对自己各方面情况正确了解的基础上，根据自己的实际情况制订学习计划。那么，什么是学习的实际，怎样才能切合实际呢？应把握好以下几点：

（1）明确自己的实际学习水平，确定学习计划的起点。

（2）明确可支配的时间，确定各个阶段的学习内容。

（3）明确学习任务，确定每天具体的学习安排。

另外，还应考虑到学科教学的实际，使自己的学习计划能与教学进度相配合，这样才不会使个人的计划与学校的教学安排发生冲突，从而促进新课程的学习。

3. 长短结合法 📝

长短结合法指的是制订学习计划时，可以将长计划与短安排相互结合。长计划可以是每学期、每月的计划，而短安排则是每周、每天甚至每小时的计划，同时还应有临时计划。具体来说，学习计划可以从下面3点来做到长、中、短三结合。

（1）长期计划应以一学期为限，内容应该是大纲式的，不必求细，否则就会出现计划赶不上变化的情况，反而失去计划的作用。

（2）中期计划应该以月或周为期，内容应该非常详细。

（3）短期计划以一日或数日为期，只要在心里做个打算就可以了，不必非要写下来不可，以免使计划显得乱而无用。

同时，学习计划执行一段时间后，就应当检查一下效果如何。如果效果不好，就要找原因，进行必要的调整。经过检查后，再修订计划，改变不科学、不合理的地方。

002
当天的学习任务**当天完成**

　　王月本来是一个爱说爱笑的学生，但最近我发现她总是愁眉苦脸的，一副心事重重的样子。多年带学生的经验告诉我：王月同学肯定遇到了什么烦心事。课下，我找王月了解情况。原来，王月同学是因为完不成当天的学习任务而苦恼，昨天的课还没有完全弄懂，今天的课又开始了，疲于应对。同学们，你们有类似的苦恼吗？

状元经验谈| 我们的好方法

> **👤 冯丹**　　　　　　　　　四川省高考理科状元
>
> 　　我以优异的成绩考入高中，初中时的优越感依然存在，高一时没把学习当回事，不知不觉中养成了做事拖拉的坏毛病。期中考试出乎意料的坏成绩惊醒了我，老师也找我谈了话。从此我给自己定下了规矩：今日事今日毕，决不把今天该完成的学习任务拖到第二天。这样一直坚持到高考。现在想想，如果没有高一时的醒悟，今天的状元肯定不是我了。

张忆雪　　青海省高考文科状元

高中三年，我完全是按照自己的学习计划进行学习的。上课注意听讲，跟紧老师的步伐。我每天早上起床，对于今天上什么课、需要做什么习题、复习哪些内容都做到心里有数。每一天的学习计划都按规定的时间完成，这样每一天的光阴都不虚度。最后能取得好成绩都是在这一天又一天的努力中实现的。

王浩　　贵州省高考文科状元

我跟其他同学一样制订了详细的学习计划，开始时比较松懈，不能很好地按计划进行，有时甚至连作业都完不成。后来我发现这样下去不行，计划不履行，等于白做计划。于是我就想着："不完成这个计划的结果是什么呢？考试成绩下滑，考不上理想的大学……"想到这里，我不寒而栗，从此下定决心每天按计划学习，彻底改变了学习拖拉的坏习惯。

刘诗雨　　江苏省高考理科状元

我对化学不感兴趣，对这一科的学习总是"打折扣"。初中内容较简单，不用花费太多的精力，成绩也不差。但到了高中不行了，"不是不报，时候未到"，高一第一学期的期末考试我就栽在了这一科上。"痛定思痛"后我决定对化学的学习不再"缺斤短两"，当日的计划当日完成，经过一段时间的努力后，才赶了上去。

　　有的同学把学习、生活、休息都安排得井井有条，学习效果也很好。有的同学则恰恰相反，主要原因就是他们没有做到当天的学习任务当天完成，今天推明天，明天推后天，问题越积越多。同学们想要提高学习效率，就必须牢牢记住"今日事今日毕"这句话。以上4位状元的经验就很清楚地说明了这个问题。

为了做到这一点，我们具体该怎样做呢？

1. 做好知识点的整理工作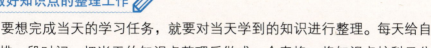

要想完成当天的学习任务，就要对当天学到的知识进行整理。每天给自己安排一段时间，把当天的知识点整理后做成一个表格，将知识点按科目分类，标出重点、难点、疑点，以便在完成学习任务时提高效率。

2. 将学习计划细化并填入表格，做完一项画掉一项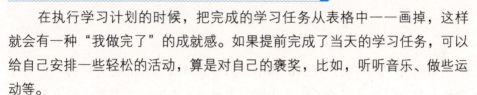

在执行学习计划的时候，把完成的学习任务从表格中一一画掉，这样就会有一种"我做完了"的成就感。如果提前完成了当天的学习任务，可以给自己安排一些轻松的活动，算是对自己的褒奖，比如，听听音乐、做些运动等。

3. 不给自己找借口

想偷懒的时候，很多同学常常会给自己找借口，例如："我很累，很晚了，明天再做吧。"如果你这次放纵了自己，下次同样还会找各种各样的借口。为了避免这种情况，你可以这样做：

对着镜子，看着自己的眼睛说："明天还有明天的事情，今日事今日毕。"

想想明天的学习任务。

4. 给自己一点儿惩罚

请爸妈监督自己学习计划的执行情况，如果没有完成任务，就要惩罚自己一下，例如做50个俯卧撑。

不要让问题像滚雪球那样越滚越多，当日问题当日解决，这样一直坚持到高考，相信你一定能考上自己心目中理想的高校。

003
分清主次，**先做最重要的事**

　　曾经有一段时间，我们班的小周同学上课时总是无精打采的。一天放学后，我专门找小周谈了话，小周向我敞开了心扉："老师，晚上我睡得很晚，但还是感觉时间不够用。每天做作业、预习、复习……总有做不完的事，我该怎么办啊？"我开导他说："人的时间是有限的，把最重要的学习任务放在前面做，后面不太着急的事情压缩时间尽快去完成。"小周按照我说的方法实践了一段时间后，再也没有"时间不够用"的感觉了。

状元经验谈 | 我们的好方法

👤 刘倩莹	北京市高考理科状元

　　人的精力都是有限的，谁都不例外。如果你能根据学习任务的重要程度，列一份详细的任务表，然后分清主次，永远都先做最重要的事，那么你的学习效率就会有惊人的提高。而时间管理的精髓恰恰就在于：分清主次，永远先做最重要的事。

秦杉　　　　　　　　　　　福建省高考文科状元

　　我每天都会先做最重要的事，不会眉毛胡子一把抓。在学习中，我首先会把典型的问题弄明白，再去钻研有难度的问题，并且量力而行。我还一直培养对每一科的学习兴趣，保持各科均衡发展，从不偏科。

桂亚楠　　　　　　　　　　江西省高考理科状元

　　上了高中以后，我很快感觉到学习压力大了，学习时间紧了，学习内容也多了。面对那么多要做的事，最初我有一种"老虎吃天，无从下口"的感觉，不知该先看语文，还是先做数学题。在班主任的指导下，我把一天中的学习任务按轻重缓急进行了分类，先完成最重要的任务。坚持一段时间之后，我的学习终于走上了正轨。

刘笑语　　　　　　　　　　天津市高考文科状元

　　学习知识，分清主次很重要。什么是主要的呢？一是指自己学习中的弱科，二是各学科中的重点内容。每个同学都有自己相对弱的科，我则是地理比较弱，原因是初中的基础没打好，到高中后学起来比较吃力，在制订学习计划时我就把这个情况考虑进去了。我每天在完成各科学习任务后，专门安排一个小时补习地理，将初中地理的内容分配到4个星期去完成。按照这个重点突出的学习计划实施两个月后，我的地理成绩提高了很多。

　　从以上4位高考状元的学习经验可以看出，做事情要分清轻重缓急，先做最重要的事。我们可以根据重要程度和紧迫程度的不同，将事情分为4类，它们分别是：

第一类，重要且紧迫的事 ✏

比如：各门学科的考试。

第二类，重要但不紧迫的事 ✏

比如：学习能力、创新能力的培养以及基础知识的掌握，等等。

第三类，不重要但紧迫的事 ✏

比如：会客、电话、邮件等。

第四类，不重要且不紧迫的事 ✏

比如：阅读网络小说、收看电视娱乐节目等。

将第一类事情作为每天最重要的事的人，常常天天忙于加班加点，精神长期处于高压状态下，学习效率并不高。关注点在第二类事情上的人，会大大提高处理第一类事情的效率，也会更加自信。因为第二类事情与第一类事情息息相关，而且是其前提条件。第三类事情应该设法减少。第四类事情应该酌情安排。

对于高考状元们来说，他们都知道一天中哪些事情应该先做，哪些事情应该后做，并就此根据自己的实际情况给各门功课分配时间。坚持每天先做最重要的事情，就能在繁杂的学习任务面前保持清醒的头脑，有条不紊地、高效率地学习。

004
每天早起10分钟

老人们常念叨一句谚语："早起三光，迟起三慌。"意思是说，起得早，事情就能办得周详些，办事效率高，光光彩彩，故曰"三光"；起得晚，时间不够用，办事自然马虎些，效率自然低，每天慌慌张张，故曰"三慌"。这句谚语是在提醒人们每天早上起床要早一些，哪怕是每天早起10分钟，你也可以拥有一个良好的开端。

状元经验谈 | 我们的好方法

> **赵秋阳**
>
> **天津市高考理科状元**
>
> 我从初中起就有一个习惯——每天比计划时间早起10分钟，这样到学校的时间就提前了10分钟。早上大脑清醒，记忆力强，我会利用这10分钟时间读读英语。这个习惯一直保持到现在，我的英语成绩在班里一直名列前茅，我想这与我早起的好习惯是分不开的。

👤 **李昊辰**

宁夏回族自治区高考文科状元

　　高二时，班主任告诉我们一句话："播下一个行动，收获一种习惯；播下一种习惯，收获一个成绩；播下一个成绩，收获一所大学。"意思是说，我们现在的行动直接关乎以后上什么大学。后来，我就在自己的课本上写下了这句话，时刻警示自己。我给自己定下的第一个目标就是每天比预定的时间早起10分钟。有了这10分钟，我能为上课做更充足的准备工作。

👤 **韩牧岑**

北京市高考文科状元

　　到了高中，我把自己的表拨快了10分钟，目的是时刻要快人一步，做到每天早起10分钟。在这挤出来的10分钟里，我会再看一遍昨天晚上预习的内容。我习惯晚上预习，晚上预习的内容等到第二天上课时有些会遗忘，所以我利用早上的10分钟再快速看一遍昨晚预习的内容，等上课时就不会出现遗忘的情况了。

　　早起的10分钟究竟用来做什么呢？洗漱？锻炼身体？上面的3位状元都是做一些与学习相关的事情。即使是锻炼身体也好啊，"身体是革命的本钱"嘛！对于我们学生来说，这里的"革命"就是学习。没有养成早起的习惯甚至上课迟到的同学，尽快行动起来吧！

　　那么，要想养成早起10分钟的好习惯，我们该怎样做呢？

1. 先从改变态度开始

　　改变一个习惯，要从改变态度开始，只有充分认识到改变某种习惯对自己有益处，才能从内心坚持执行。可以在心里想象一下早起的好处，以劝服自己切实执行计划，例如：早晨给人很好的感觉，让自己有充足的时间去做很多事情；早起可以避免迟到；早起可以有足够的时间吃一顿早餐；等等。

2. 计算需要多少睡眠时间

一般处于高中时期的青少年睡眠时间为八九个小时，具体时间因人而异，睡得太久容易头昏，睡得过少则缺乏精力。可根据具体所需的睡眠时间安排自己的入睡时间。

3. 做好睡前准备

睡前不要看容易刺激情绪的东西，如情节紧张的电视剧等。另外，在临睡前泡泡脚是不错的选择，可以放松身体、缓解疲劳。

4. 按时躺在床上

如果计划在晚上11点睡觉，那么到了11点就要躺在床上，像睡前洗漱等事情要在11点之前就做好，最好在10点30分就开始准备睡觉。

5. 设定好闹钟

设定好闹钟，等闹钟响时就要马上起床，千万不要赖床。如果睡得很晚，早上起不来耽误上课，这样就谈不上早起了。休息好了才有精神，晚上要睡够觉，才有可能做到早起。

其实，连著名商人李嘉诚都是"早起三光"的行动者。他把自己的表拨快10分钟，就是为了让"错误的时间"告诉自己一个正确的信息：快点，要来不及了。他就是用这样的方式督促自己勤奋努力的！

005
高效率使你拥有更多的时间

　　同学们，你们有没有这样的感觉：如果你有一整天的时间来做某项工作，那你就会花一整天的时间去做它；如果你只有半天的时间来做这项工作，那也许你就会更迅速有效地在半天内做完它。这说明做一件事情所用的时间是有弹性的，在较短的时间里较好地完成一件事情，是高效率的表现。高效率意味着你可以做更多的事情，意味着你拥有比别人更多的时间。

状元经验谈Ⅰ 我们的好方法

邱昕瑶	浙江省高考理科状元

　　一些不重要的事，我尽量用最少的时间去完成，以便挤出更多的时间用于学习。例如，每天早上起床后原本需要花20分钟用于叠被子、洗漱，现在就可以对它进行合理压缩，将时间压缩为10分钟，甚至5分钟。进行这种合理的压缩后，相当于提高了做事情的效率，使我可以把更多的时间用在学习上。

范瑶瑶 　　　　天津市高考文科状元

　　我高中三年从未参加过任何补习班，每天的睡眠时间一定保持在8个小时以上，高考前半个月也照常每天抽出半小时看小说。但是一旦决定要学习，我就会忘了小说主人公叫什么。我可以在两天内背下整本历史书或做完一本数学练习册，绝对心无旁骛，舍此无他。疯狂地玩，疯狂地学，你说我是用功还是不用功呢？

何平 　　　　青海省高考文科状元

　　在学习时，有些同学喜欢做一些毫无意义的事情。比如，摆弄不干胶、贴画，买块泡泡糖嚼个没够，类似的事情还有很多。要知道，这样的"小事"做的时间久了，就会形成一种不好的习惯，可以说这是一种对时间的极大浪费。虽然一天有24个小时，但是如果能真正高效学习8小时，就已经是一件很困难的事了。发现了这个残酷的现实后，我们更需要抓紧每一分钟，提高学习效率，这样你会发现学习也是一件很轻松的事。

李海石 　　　　辽宁省高考理科状元

　　上小学和初中时，同学们习惯于等着老师布置任务，老师叫干什么就干什么。这种心理状态，完全不符合高中的学习要求。作为高中学生，面对那么多的课程、那么多的内容，要学会自己主动确定学习任务，自己安排学习时间，这样才会跟上学习进度，才能提高学习效率。效率问题的核心，是单位时间所掌握知识的数量和质量，所以要分秒必争。

　　时间≠效率，有人一天看一页，也有人一小时看十页；数量≠质量，做错两道不如做对一道。所以说，衡量你的学习效果如何，不是看你坐在书桌前的时间有多长，也不是看你做过的练习册有多厚，而是看你每一分钟的价值是不是达到了最大化。根据状元们的经验，我们在这里给大家介绍两种提高效率的方法。

1. 精确记录学习时间

很多状元的经验是把记录学习时间精确到5分钟，这样就可以杜绝一种现象：坐在书桌前一上午，其实什么都没干。在记录的时候，走神儿、发呆所用的时间都要刨除。这样一天下来我们就会发现，其实每天可以真正用来学习的时间是非常有限的。

2. 细分学习任务

在计划完成某项学习任务的时候，把这项任务细分，规定每个小部分的完成时间。例如，计划复习一个小时的英语语法，则可以事先想好大概几分钟看一页。假如看前一页的时候开小差超时了，后面就要注意把效率再提高些。这种方法可以减少开小差的次数，提高注意力。

另外，除了学习外，我们的生活中还穿插着很多其他的事情，学会统筹安排这些事情，也是可以提高效率的。我们可以这样做：

（1）并行做几件事，提高单位时间的效率。很多同学上网，常常同时完成两个或两个以上的任务。比如，上网浏览新闻、下载学习资料、回复电子信函，由于下载资料所用时间较长，于是，他们在执行下载任务的同时，回复信函、浏览新闻。当下载任务结束时 其他任务也完成了。

（2）简化步骤，缩短时间，提高效率。做事情时一些可以简化的步骤尽量简化，步骤简化了，做事情的时间自然就会缩短，节省下来的时间可以用在学习上。

把学习和其他事情统筹安排，真正做到高效率，相信你也可以。

006
不要把时间浪费在**焦虑**上

　　在我多年的教学生涯当中，每个班里总会有这样几个学生：偶尔一次考试考砸了便陷入无休止的焦虑当中，或是一次很小的失误都让他纠结半天。对于这类学生，我要说的是：不要把宝贵的时间浪费在焦虑当中，应该总结经验教训，多想想以后该怎么办。

状元经验谈| 我们的好方法

> **罗政灵**　　　　　　　宁夏回族自治区高考理科状元
>
> 　　刚进入高中时由于一时没适应紧张的学习节奏，我的成绩大幅下滑，我开始怀疑自己究竟能不能适应高中的学习生活，要知道，这样糟糕的成绩在以前根本没有过。那段时间，我的心情差极了，总是担心自己再也赶不上去了。后来，班主任老师的开导使我走出了低谷，他的话我至今还记得："你整天处在焦虑当中其实是耽误了最宝贵的学习时间，赶快振作起来！"

朱宸卓　北京市高考理科状元

　　焦虑与烦躁是高中学生很普遍的不良情绪。我有一位同学,他额前的一簇头发特立独行地向前平伸着,原因是他有一个习惯——学习过程中遇到难题时总是不住地将额前的头发向上捋。这只是焦虑情绪的一种较温和的外在表现。更有甚者,会虐待试卷,虐待书本,甚至自我虐待!我也有过焦虑的情绪,我的做法是一心投入在学习上,焦虑情绪自然被抛在了脑后。

蒋胜千　黑龙江省高考理科状元

　　我觉得学习需要一种非常乐观且积极向上的心态。我以前就曾因为一些小事特别烦心,很郁闷,后来上高三的时候,有个同学跟我说心情决定一切,虽然这句话不一定完全正确,但是不能否认这句话对我很有帮助。我觉得学习首先需要一个好心情,试想如果每天都为一些小事耿耿于怀,心里就感觉好像憋着一股什么东西,这样学习起来不会有非常好的效果。我学习的时候,总是竭力让自己排除一切干扰因素,保持一种非常乐观、非常愉快的心情。

刘琦　天津市高考文科状元

　　刚上高中时,由于学习压力大,班上有的同学感到有些不适应,认为学习任务重,时间不够用,总是处在焦虑当中。我当时也感到有些不适应,后来老师专门针对这种情况开了一个主题班会,及时纠正了同学们存在的一些不好的想法,还给了我们一些好的建议,帮助我们忘掉烦恼,及时排解不良情绪。其中不少建议对我们帮助很大,使我们很快走出了低谷期。

　　每位高中生在不同时期都有可能出现焦虑情绪,只是程度不同罢了。有焦虑情绪出现并不可怕，关键的是要及时调整情绪，避免深陷各种负面情绪当中，以致赶不上学习进度。有的同学处在焦虑的情绪中始终走不出来，浪费了时间，对学习有百害而无一利。以上4位状元在面对焦虑方面给我们树立了榜样，那么，我们具体该怎样做呢？下面是几条建议。

1. 客观评价自我

人贵有自知之明，每个同学都要客观地分析自己的实际水平。既不能自卑，也不能自信过了头变成自负。要敢于承认自己的不足，同时要相信自己能弥补这些不足。

2. 不为小事烦恼

如果你整天把心思都放在那些琐碎的小事上，你的学习时间和效果自然会大打折扣。摆脱小事的纠缠，你的学习效率才会更高。

3. 转移注意力

我们在产生焦虑情绪的时候，要学会转移注意力，比如，打打球、跑跑步、听听歌，等等。当你融入这些活动中，会发现自己原来的焦虑情绪已经消失不见了。

4. 正确看待失误

对自己考试中的失误，不必过分自责，因为任何人都有犯错误的时候。况且失败乃成功之母，关键是善于总结失败的教训。这样，成功就一定会属于你。

5. 及时排解不良情绪

学习出现波动时千万不要焦躁，更不能盲目延长学习时间，调整好心态向课堂要效率才是根本。不要把不良情绪积累到一定程度再去处理。

6. 进行积极的自我暗示

　　采取积极的自我暗示，帮助自己建立信心。比如，马上要考试了，不妨先回忆一下令自己最自豪、最愉快的画面，并在心中告诉自己"我一定能发挥好""这些题都是小case"，然后满怀信心、精神振奋地投入到考试中去。

　　试想，当你把宝贵的时间浪费在焦虑上时，你的学习时间是不是就更少了？所以，要珍惜时间，这些时间也包括你处在焦虑当中的时间。忘掉一切不好的事情，全身心地投入到学习当中去吧！

007
根据自己的生物钟去学习

　　有的同学早上记忆力强，于是在这段时间背诵英语课文；有的同学晚上能集中精力做题，于是专门在晚上做题。他们的做法无形中适应了自己的生物钟，都是高效的。根据自己的生物钟去学习，让大脑和身体的活跃期同步，有助于增强学习效果。有许多同学学习时间看似用了不少，却没什么实质性的效果，其中最大的问题就是他们没有根据自己的生物钟去学习。

状元经验谈I 我们的好方法

> 👤 袁一沣　　　　　　　吉林省高考文科状元
>
> 　　我给自己定下规矩，给每科安排好固定的学习时间，例如，早上记忆力强，就安排15分钟的时间背诵英语课文；自习课上做几道政治辨析题；晚上八九点钟我的精力最集中，用这段时间做数学题。睡眠、休息也有详细安排，学习和生活都有条不紊地进行。我在高考中考出好成绩，与我很好地根据自己的生物钟去学习是分不开的。

👤 刘婧　　　　　　　江西省高考文科状元

　　我以前爱睡懒觉，周末总是10点多才起床，相应地晚上总是半夜才睡觉。久而久之，每周一早上第一、二节课我总是打瞌睡，而学校里早上的课总是最重要的，时间长了，损失非常大。后来，我在老师的帮助下，终于把这种不好的习惯改掉了。习惯代表了一个人的生物钟，而习惯是可以改变的，不利于学习的习惯一定要改掉。

👤 安美航　　　　　　　辽宁省高考理科状元

　　我每天都要午睡，即便是几分钟，也对下午的课有帮助。下午放学之后，一定要运动运动或听听歌，做一些轻松的事情。因为，学习了一天，已经很疲劳了，在这个时候放松一下，晚上的学习效率会更高。平时养成早睡早起的好习惯，适应自己的生物钟去学习，一定可以事半功倍。

　　根据巴甫洛夫的条件反射原理，如果在固定的时间学习固定的科目，一段时间以后，每当打开书本，大脑的有关部分就会不由自主地兴奋起来。所以，尊重大脑和学习自身的规律，在固定的时间做固定的事情，有助于取得更好的学习效果。

　　把学习活动安排在生物钟节律的巅峰状态，会产生良好的效果，可以轻松自如地掌握、消化和巩固知识。我们可结合每个时间段的生理特点，适当地安排每天的学习任务。生理学家研究认为，一天之内有4个学习的高效期。

1. 清晨起床后 🖊

　　大脑经过一夜的休息，消除了前一天的疲劳，神经处于活跃状态。此刻无论是"认"还是"记"，印象都会很深刻，学习一些难记忆但必须记忆的东西较为适宜，如外语、定律、历史事件等。有时即使记不住，大声念上几遍，也会有利于记忆。

2. 上午8点至10点 🖉

这个时间段人的精力充沛，大脑易兴奋，思考能力、认知能力和信息处理能力较强，此刻是攻克难题的大好时机，应充分利用。

3. 下午6点至8点 🖉

这个时间段也是用脑的最佳时刻，不少人利用这段时间来回顾、复习全天学过的东西，加深印象，并分门别类地归纳、整理学习笔记。

4. 入睡前一小时 🖉

利用睡前一小时来对所学知识加深印象，特别是对一些难记忆的知识加以复习，则不易遗忘。

相反，当大脑处于波动的低谷时，不论怎样拼命学习都不会有好的效果。人在凌晨2点到4点这段时间里体温下降，这就是所谓的昼夜节律跌落现象。在这段时间里，人的生理活性减弱，大脑活动迟钝，强烈的睡意也会袭扰而来，是最不适合学习的。

008
充分利用**可自由支配的时间**

　　有的同学为了完成学习任务，总是晚上熬夜，这样很容易导致第二天上课没精神。而有的同学学习任务完成得很好，还没有占用正常的休息时间，他们的秘诀就是充分利用可自由支配的学习时间，这些时间包括自习课、周末、寒暑假等。

状元经验谈| 我们的好方法

> ⊗ 史旭
>
> 河北省高考理科状元
>
> 　　大家都知道，学习最讲究的就是自觉性。自习课时间比较灵活自由，但如果把自习课看成是休闲时间，那你就大错特错了。这段时间我们可以做做当天的作业，也可以复习一下上课时老师讲的内容，加深对知识的理解。如果将这段时间白白浪费掉，那是很可惜的。

张子琦

江西省高考理科状元

周六日是较长的可自由支配时间，我一般利用这段时间复习上周的学习内容，做一个归纳总结，把课本上的难点再回忆一遍，使自己更扎实地掌握知识，为下一周的学习打下良好的基础。有的同学学习成绩始终与别人有很大差距，其中一个重要原因就是不善利用周六日的时间去学习。把握好周六日，对我们来说是至关重要的。

韩永强

内蒙古自治区高考理科状元

刚上高中时，我的学习成绩并不是很好，只在年级的中游水平。后来我的成绩突飞猛进，一个很重要的原因就是我能够笨鸟先飞。平时寒暑假、节假日的时间我都能合理地安排。比如，寒暑假里，我每天的学习时间会达到5~6个小时。时间对于我们来说是十分宝贵的，它分秒不停地流逝，为了在高中学年里学有所成，就要想方设法抓紧一切时间，努力学习。

善于利用自由时间是掌握学习主动权的一个关键。那么，我们该如何利用好自由时间呢？在自由时间怎样学、学什么，才算充分利用了时间呢？

1. 充分利用自习课时间

每天的自习时间，我们要把当天所学的知识复习一遍，把发现的问题弄清楚，把做过的作业或者笔记整理一遍。要整理这样3类题目：

（1）做错的题目。记录你做错的原因及正确的答案，以免再犯同样的错误。

（2）新的题目。即以前你从没见过的题目，多整理这样的题目能增强你遭遇新题时的信心，还能锻炼思维能力。

（3）有新解题方法的题目。当老师或同学使用一种你没想到的而又非常巧妙的方法解答一道题时，你应该记下这道题和解题方法，并真正理解这种解法的思维方式，消化吸收，变成你自己的知识储备。

2. 双休日劳逸结合 📝

　　双休日两天，总共安排的学习时间以8～10小时为宜。其他时间，根据自身的环境和条件，可到野外放风筝、游园、打羽毛球、滑旱冰，还可以在家里搞一搞家庭读书报告会、诗歌朗诵会、卡拉OK演唱会、猜谜晚会等活动，过一个集知识性、趣味性、科学性于一体的双休日。把双休日的时间安排好了，你就能比往常学得轻松，玩得也开心。

第2章

做好预习：
掌 握 知 识 快 人 一 步

　　有的同学认为：反正上课时老师会讲，预习不预习有什么要紧的？事实上，这种观念是错误的。他们之所以会有这样的看法，关键在于对预习的重要性认识还不够。预习是我们高效学习的第一步，可以为课堂听课做好准备，提高听课效率。一位有预习习惯的高考状元说："预习是比赛中的合理'抢跑'，如果能一开始就'抢跑'领先，争取了主动，那么当然容易取胜。"因此，大家如果希望真正提高自己的学习效率，请首先从培养良好的预习习惯开始。

009
保证有**固定的预习时间**

大部分同学都能够做到课前预习，这一点很好。但有的同学预习起来很随意：有时在放学后预习；有时在晚上预习；有时一时贪玩，又拖到了第二天的早自习进行预习。结果预习变成了一种形式，达不到应有的效果。那么，我们该怎样安排预习时间呢？

状元经验谈| 我们的好方法

👤 **胡瑞环**

河南省高考文科状元

　　我是在每天晚上八九点进行预习，通过预习不仅能初步领会新课的内容，降低学习新课的难度，而且可以大大减少听课的盲目性、紧张感，调动学习的积极性，有利于知识的当堂消化和吸收。因为预习后是带着问题去上课的，听课的针对性强，这就可以提前进入听课状态，从而提高听课效率。

> **👤 毛宇帆**   陕西省高考理科状元
>
> 　　学习应该主动。在平常的学习过程中，我非常注重预习，从高一开始，我就养成了一个习惯，每天晚上做完作业后，都要先预习一遍第二天要讲的内容。许多知识，我们看一遍往往不能完全理解，需要多次反复地领会，才能有深刻的印象。我有个体会就是，在预习后听的课程，到晚上躺在床上，还能较完整地回忆起上课的内容。如果没有预习就去听课，课后只能记得一个大概。比如，只记得一个公式，至于这个公式是如何推导、如何证明的就印象不深了。

　　从以上两位状元的经验可以看出，预习发挥着重要的作用，那么我们如何保证固定的预习时间呢？状元们给出了下面3个建议。

1. 制订预习计划

　　我们应该根据一个学期的学习内容制订出详细的预习计划，每天要预习哪些功课，都需要根据预习计划去执行，用计划约束自己，管理预习活动。确定自己学习最吃力的一两门课程，作为主攻目标，加强预习，坚持下去就会收到意想不到的效果。

2. 利用学习计划合理安排预习时间

　　许多学生常常借口时间紧作业做不完，没有时间预习，在稀里糊涂中听课，结果是知识缺漏越积越多，学习也越来越困难。要学会利用学习计划合理地安排预习时间，一定要保证每天预习第二天的一两门课程，长期坚持下去学习能力就会不断地提高。

3. 努力克服预习中的困难

　　预习中遇到困难是很正常的事。如果遇到难以理解的新知识，就要及时翻阅参考书、工具书，把基本概念弄明白。克服预习中的障碍，不仅能够真正起到预习的作用，还能不断培养不怕困难、刻苦学习的精神。

通过预习，上课涉及的知识点更容易掌握，会产生学习的成就感，而这种成就感能转化为独立学习的内在动力。所以，课前预习有利于培养自学能力，化被动学习为主动学习。每天都在固定的时间去预习，持之以恒并形成习惯，效果是最好的。

010

阶段预习和学期预习**从目录开始**

一位高考状元曾经说过，他学习的一个重要环节就是进行阶段预习和学期预习。阶段预习和学期预习不同于课前预习，预习的方法自然也不一样。这位高考状元是从课本目录开始预习的，他认为目录是内容的高度概括，而阶段预习和学期预习的精髓恰恰就是要掌握知识要点，抓住主干内容。

状元经验谈 | 我们的好方法

 龙麒伊　　　　　　　浙江省高考文科状元

阶段预习主要是了解总体知识的脉络和体系，我一般是从目录开始看起，因为看了目录就会对课本内容有一个总体的了解。阶段预习最好放在双休日进行。预习中如果发现问题，能自己解决的则解决，不能自己解决的就记录下来，不必花太多的时间解决难题。带着问题去听课，目标就非常明确，注意力也易集中。

高梦璇　　　　　　　　　贵州省高考文科状元

阶段预习是对近期将要讲授的功课内容从整体上进行粗线条式的浏览，以求得初步印象的一种预习方法。目录是课本内容的高度概括，预习前看一下目录对于知识的总体把握是很有好处的。一般来说，以章或单元为整体比较可行，而像历史、地理等科目的预习则可以截取某个相对完整的时代或相对独立的区域作为整体预习的单位。这样预习可以使我们对某一部分学习内容的量、难度、编排方式等有一个大致的了解，做到心中有数，增强自信心。

谭思颖　　　　　　　　　广西壮族自治区高考文科状元

进行学期预习时要从整体上把握一本教材的知识结构，培养自己独立驾驭教材的能力，即学会自己分析教材的知识结构，自己处理基础知识，自己解答习题，从中培养自学能力。我个人的经验是，学期预习要从背目录开始，尤其是文科科目，熟悉目录就更重要了。

刘奕君　　　　　　　　　海南省高考理科状元

学期预习的目的不在于精确地掌握细节知识，而在于培养从整体上驾驭教材的能力。而看目录是最好的从整体上掌握课本知识体系的方法。另外，预习完一科后，应初步掌握基本概念及教材的整体知识结构。当教师讲到某一知识点时，只要你能明确这一知识点在知识结构中处于怎样的位置，就达到预定的目的了。

阶段预习和学期预习都是一种宏观性、综合性的预习。阶段预习主要是了解总体知识的脉络和体系，学期预习主要是了解教材的知识结构以及明确本学期学习的目标和任务，两者都要从目录开始。预习时我们需要注意以下几个问题。

1. 目录联想

翻看目录，一边读一边想象其具体内容。到一个单元结束后，翻看具体内容对照，看自己联想的与课本中讲的都有哪些出入。这时要重点看与课本有出入的地方，因为这些地方反映了自己还不了解这部分知识。其他内容也不能忽视，毕竟还没学过。

2. 浏览教材

浏览教材是指在认真阅读序言、目录的基础上，粗读整本教材，了解教材内容的概貌。

3. 教材分析

要对整册教材进行归类并写出教材分析。例如，语文教材分析主要有以下几个部分：列生字表、列生词表、语法知识归类、列文学常识表、列习题归类表、写出单元分析等。这样做是为了比较熟练地掌握预习的内容。

另外，我们也可以在预习后对照课本中的目标要求检验预习效果。例如，可以利用教材中每小节的学习基本要求和每章后的"小结与复习"中的知识点、学习要求进行预习，再以它们为标准检查预习效果。

011
预习重点放在**薄弱学科**上

有学生曾经问我："我明明一直坚持预习了，可为什么我的薄弱学科还是没有什么起色呢？"我进一步询问才知道，原来这位同学对所有学科都是用相同的时间去预习。很显然，这样做是犯了平均用力的错误。其实，对于自己的薄弱学科，应该多花些时间去预习。考试看的是总分，不要让薄弱学科拉了自己的后腿。

状元经验谈| 我们的好方法

刘世豪

湖北省高考理科状元

预习时间的安排，要在服从整体学习计划的前提下灵活进行。根据每天的空余时间，决定预习的科目及每科的预习时间，重点保障所选择的重点学科。我总是把自己的薄弱学科作为预习的重点。课前预习一般在20分钟左右，时间多时可以预习得充分点，钻研得深入点。

> **👤 张毅**
>
> 重庆市高考文科状元
>
> 　　高中学业紧张，怎样预习才有效呢？我是在有限的时间里先保证自己薄弱学科的预习，自己的优势学科用的时间可以少一些，我决不允许自己出现偏科的情况。我相信一分耕耘一分收获，自己下了功夫的学科一定会见到成效的，后来的高考成绩也说明我这种预习策略是有效果的。

> **👤 周小琪**
>
> 四川省高考文科状元
>
> 　　打无准备的仗很可能会输，未经预习的功课成绩一般不会好。高一时我的英语成绩不太理想，每次考试都在班级平均水平，明显拉了后腿。我主要是在预习上下功夫，不仅晚上预习一下第二天要学的英语内容，而且每天早自习还要读英语课文。这样坚持了一个学期，我的英语成绩有了明显的进步，我的赶超计划也实现了。

　　根据以上3位状元的预习经验，我们在预习时要重点照顾自己的薄弱学科。那么，在预习自己的薄弱学科时，我们都该注意哪些问题呢？

1. 针对老师授课的特点去预习

　　在教学过程中，有的老师讲课基本依据教材，但展开得比较丰富，那么就需要学生事先对教材有一定的了解，而且要对教材做一定的分析理解；有的老师讲课完全是教材的展开、升华，那么学生应该在课前预习时了解教材、分析教材、做读书笔记。学生课前预习不能盲目，如果不根据实际情况选用预习方法，就达不到预习的目的，甚至会浪费时间。

2. 针对课程的特点去预习

　　预习的方式是精细还是粗略，精细、粗略的程度如何，要在预习前就想到。如英语每堂课语法单一、单词量少，只要稍作了解就行。但像物理这样的课程，逻辑性强、难度大，最好采用精细的方式预习，预习时甚至可以自己动手做些实验。

3. 准备好要用的参考书

预习有时需要阅读参考书，对于有关人文知识方面的学习，有可能要参阅更多的课外书籍，这样往往能收到意想不到的效果。对于小说，要了解小说反映的时代背景，学习有关风土人情方面的知识，最好多了解相关的基础知识，这样有利于加深对课文的理解和认识。

4. 要善于发现和解决问题

预习中要善于发现问题，能自己解决的则解决，不能自己解决的，一定要记录下来，不必花太多的时间思考。这样带着问题听课时，目标就非常明确，注意力也易于集中。

5. 持之以恒

持之以恒，就会使预习、学习、复习形成一个有机的循环。要坚信通过坚持不懈的努力是会提高弱科成绩的。

另外，预习时还要确定知识的重点、难点。反复阅读新教材，要在认真分析教材知识体系、挖掘新知识的内在联系、做好新旧知识衔接的基础上，确定好教材的重点。要在扫清知识障碍的过程中，发现自己难于掌握和理解的地方，以便听课时集中注意力，加以解决。同学们一开始进行预习时，要一下子就找出课文中的重点和难点，是比较困难的。但是只要认真做下去，及时分析自己找得不准的原因，那么经过一段较长时间的自我训练，就一定能够逐渐学会正确地判断重点和难点，预习的能力和质量也会在这一次又一次的严格要求中得到培养和提高。

012
阅读课本是课前预习的关键

　　课本在学习中起着关键性作用，要想完成预习任务、达到预习要求，阅读课本是重中之重。只有通过阅读课本，才能达到对新知识的了解、理解和掌握。那些不重视课本的同学，预习起来往往抓不住重点、难点，达不到提高听课效率的目的。

状元经验谈 | 我们的好方法

> **贾晶**
> 山东省高考理科状元
>
> 　　我认为预习的重点内容是我们的教材，有的同学预习时喜欢看参考书，参考书中讲得很详细，预习起来轻松不少。但你有没有想过，这样预习能起到应该达到的效果吗？现在多数参考书侧重于讲解某一方面的重点、难点知识，而没有考虑到教材中的体系问题。预习不同于复习，我相信复习时再看这样的参考书是很合适的，预习主要是为上课做准备，老师上课也是以课本为主进行讲解，所以预习时课本还是根本。

黄冬

广西壮族自治区高考理科状元

　　阅读教材是学生学好新课、取得优良成绩的基础。如果不搞好课前预习，上新课时就会仓促上阵，心中无数，不得要领，难以消化，以至于对接受新课丧失信心。反之，如果做好了对课本的预习，不仅可以培养自学能力，而且可以提高学习新课的兴趣，掌握学习的主动权。对新教材有了初步的了解，就可以集中精力对付新课的重点和自己搞不懂的问题，配合教师讲授，及时掌握新知识和新技能。

井琳

黑龙江省高考理科状元

　　我个人认为，课前预习的任务主要是初步理解下一节要学的基础知识，归纳新知识的重点，找出自己不理解的难题。在实践中，课前预习方法主要是阅读教材。由于我们对教材的内容已有了初步的了解，因此，对老师上课所讲的内容和板书所写的内容，哪些是教材上有的，哪些是老师补充的，就会一清二楚。记笔记时重点记教材上没有的或自己不清楚的，以及老师反复强调的关键问题。这样，就可以把更多的时间和精力用在听讲和思考问题上。

　　以上3位状元都强调了预习时课本的重要性。课前预习要抓住教材这个关键，不要在还没读教材的情况下就去看大量的参考书。阅读教材我们应该主要掌握以下内容：

（1）基本概念、原理、法则、规律、公式。

（2）课本中的重要实验步骤、实验结果。

（3）课后练习题的解法。

阅读教材时，还需要注意以下5点：

（1）根据老师的教学进度、教材本身的内在联系和难易程度，确定预习的内容和时间。自学能力较强的学生，可以提前一星期自学下星期要学的新课，也可以先初学一遍新教材，然后在上新课之前（一天或一星期）再自学一下（次日或下星期）即将要学习的内容。预习一般安排在完成当天功课之后的自习时间。

（2）课前预习要讲究质量，不要有依赖老师解决问题的思想，而应力争在老师讲课之前把教材基础知识弄懂。

（3）反复阅读新教材，运用已有的知识、经验以及有关的参考资料，多问几个为什么，进行积极的独立思考。发掘新旧教材的联系，掌握新课的基本内容，尽力弄懂新教材中的每一个新概念，找出重点和难点，明确新课要解决的主要问题。

（4）将新教材中弄不懂的问题和词语记下来或在课本上做记号，使自己的大脑处于积极思考状态，为接受新知识做好准备。

（5）对不懂的问题进行分析，如果是由于旧知识被遗忘了或存在知识缺陷造成的，要及时补救。对经过努力还弄不懂的问题，要记下来，等上课时听老师讲解。

另外，读完教材合上书本后，要围绕预习任务思考一下，教材讲了哪些内容，主要的思路是什么，哪些是新知识，与新知识有关的旧知识是什么，还有哪些问题不理解，等等。如果时间允许的话，可以试做一些课后练习题检查一下预习效果。

013
找到**适合自己**的预习方法

　　阅读课本是最常用的预习方法，但这并不意味着每个人的预习方法都是一样的。预习方法多种多样，每位同学都应该根据自己的个性特点和学习情况，找到适合自己的预习方法。不要照搬别人的预习方法，别人现成的预习方法在你这里很可能达不到预想的效果，选择适合自己的预习方法才是最重要的。

状元经验谈| 我们的好方法

> **林宇鋆**
>
> 福建省高考理科状元
>
> 　　我预习的时间掌握在30～40分钟，分两步，即预习两遍。比如，对化学卤素这一单元内容，周三用30分钟预习一遍，周五再用30分钟预习一遍，这样到了下周老师讲到这一单元内容时，就能够更深刻地理解老师所讲的内容，更准确地把握难点、重点。

👤 高羽洋
陕西省高考文科状元

我觉得预习应该抓重点。我的做法是先浏览一遍课本，初步确定重点、难点，并把它们写在本子上，等上课时重点听。老师一般会在下课前几分钟回顾一下这一节课的重点、难点，这时候比照一下自己确定的重点、难点，看有没有相同的地方，相同的地方无疑是重中之重，要格外注意。

👤 叶一豪
新疆维吾尔自治区高考理科状元

我给同学们推荐一种"鸟瞰式"预习法，这种方法适合在假期里运用，因为这一段时间可以自由安排，并且学习也比较轻松。比如，可在暑假里利用几天的时间，粗略地预习下一学期要学习的内容，以便对新知识有一个整体的把握，开学后能够尽快进入学习状态。

以上几位状元总结了各自行之有效的预习方法，下面我们介绍几种其他的预习方法，供同学们参考借鉴。

1. 五步骤预习法 ✐

（1）疏通。将教材内容先看一遍，疏通文字，大体了解教材的意思。

（2）摘录。将教材的重点和难点抄录在预习笔记本上，或者在书上有关的地方画上红线。

（3）质疑。对教材上不理解的地方可以在书边打上"？"，也可以记在预习笔记本上，以便上课时向老师提问或注意听老师讲解。

（4）求解。查找和阅读有关参考资料，对提问的问题试着解决。

（5）回想。将独立看过并初步理解的内容回想一遍，比如课文共讲了哪几个问题，主要思路是什么，还有哪几个问题不清楚，等等。

2. 总览预习法 ✐

总览预习法就是从整体上粗略地预习，对所学知识大体了解，做到心中有数。这种预习法主要是看标题、读目录。从章节目录的大小标题中，大致了解全书或某些章节的内容。有些书的章节下写有各章节的要点，它们比大小标题具体得多，简明扼要地介绍了各章节论述的中心思想，是运用总览预习法非常有效的工具。

3. 尝试预习法 ✏️

尝试预习法，就是按照课文后的思考题目、复习题目或练习题目进行预习，尝试作答。答不出时再预习，预习后再尝试作答，直至大体掌握为止。尝试预习法的关键是初步处理教材之后，合上书本，围绕课后思考题想一想：这一课讲了什么新问题？自己弄懂了没有？这些新知识与已有知识有什么联系？自己是否已经掌握？还有什么不懂的问题需要上课时听老师讲解？这样思考以后，就可以初步检查自己的预习效果，进而尝试做题，发现自己在知识或技巧方面的欠缺，及时对预习的方法或要预习的内容进行改进和调整。

4. 思考预习法 ✏️

思考预习法是指一边读一边想，或读完教材的一节内容后想一想。"一边读一边想"是指在阅读教材的同时，运用已有的知识和经验，以及有关资料和参考书，进行积极的独立思考，多问几个为什么，字斟句酌，努力发掘新旧教材之间的联系，尽量读懂新教材中的每一个新概念。"读完后想一想"就是在通读教材的基础上，合上书本，再回过头来想一想，哪些弄懂了，哪些不明白，哪些是重点，哪些是难点，哪些还有疑点，哪些知识与已有知识有联系，是怎样联系的，等等。这些问题都要一一想清楚。

具体采用哪种预习方法，同学们要根据自己的情况来选择。也可以把自己总结的方法融进上述方法当中，或者感觉自己的方法更有效，以自己的方法为主也未尝不可。这里套用哲学中的一句话再合适不过了，即"具体问题具体分析"。

014
预习文科从朗读开始

　　文科的特点是知识点繁杂，需要我们识记的东西较多，预习时自然要考虑到这些情况。对于文科来说，最好的预习都是从朗读开始的。在朗读中你会发现，单词慢慢记住了，句子渐渐理解了，优美的段落也会在脑海中留下深刻的印象。

状元经验谈| 我们的好方法

> ### 👤 胡嘉
> 重庆市高考文科状元
>
> 　　预习语文，我是从朗读课文开始的，尤其是文言文。大家知道，文言文讲究"句读"，在朗读中"句读"断对了，对文章的意思也会逐渐理解。万一遇到实在弄不懂的词语，课本中有解析的看一下解析，没有解析的查一下《古代汉语词典》。第一遍用的时间要长一些，等阅读第二遍的时候，你会发现对文义的理解更到位了。

于淼　　　　　　　黑龙江省高考文科状元

　　我预习文科课程的办法是在早晨进行朗读。朗读对学习文科课程是很管用的，比如，历史课本中有很多大事发生的时间、地点，通过朗读可以最有效地记住它们。在朗读时还要注意归纳知识结构，当你感觉这节课脉络清晰、层次分明时，你的预习目的也就达到了。

李佳楠　　　　　　黑龙江省高考文科状元

　　刚进入高一时，我最头疼的学科是英语，感觉单词记忆起来枯燥无味。怎么办呢？

　　老师给我的建议是多读多写。我觉得早上是一天中记忆力最好的时候，于是，我做了一个朗读英语的计划，每天早上先读一遍课文，在文中标出本课的生词，第二遍再读的时候遇到这些生词重点记忆一下。坚持了一学期，我的英语成绩有了明显的提高。

齐肇楠　　　　　　北京市高考文科状元

　　我习惯在早晨预习文科知识，文科识记的内容偏多，而早晨是我一天中记忆力最好的时候。每天预习的科目根据一天的学校课程去安排。英语单词需要长期反复记忆才能记牢，因此我每天早晨都会抽出10分钟时间记忆英语单词。早晨预习文科最有效的方法是朗读课文，在朗读中逐渐理解和记忆。

　　可见，朗读在预习中起着非常重要的作用。有关研究表明，朗读能够最大限度地调动起人的注意力。人精力集中时的注意力比精力分散时要强3倍。在阅读的同时，遇到自己不太清楚的地方就用笔标出来，作为下一次朗读的重点。多读几遍，你会发现不清楚的地方变得越来越少。

上述4位状元的经验也表明，朗读在预习文科时有着不可替代的作用。不过朗读时我们也需要注意一些问题，如下所述。

1. 手头准备一本词典

在朗读时，遇到生词或生僻的字就查阅词典，除弄清词义、会读会写之外，还要思索它的近义词和反义词，最后用这个词造句，就能将这个词彻底弄懂了。

2. 在朗读中弄清课文的脉络

拿语文作为例子来说，首先试着概括出课文的段落大意。其次找出一些自认为写得精彩的词句加以体会，用老师平时分析词句的模式简析一遍，看看到底好在哪里。对于一些意味深长、自己弄不清的词句，就要及时向老师询问。最后还要把握课文的写作特点。这样，学的课文多了，自己构思作文的能力自然就提高了。

3. 朗读三遍

第一遍重点解决字词障碍，第二遍概括出课文的中心思想，第三遍确定课文的重点和难点。尤其是朗读语文课文时，还要体会作者的用意，然后参考一些资料，弄清写作时间及背景，体会作者要反映或揭露、抨击、赞美的是什么。

朗读在预习文科时确实能起到较好的效果，除了朗读语文、英语课文外，朗读历史、地理、政治等科目课文取得的效果也是不错的。另外，不要为了朗读而朗读，而要养成一边朗读一边思考的好习惯，随着朗读内容的不同而思考不同的问题，让自己彻底融入朗读当中去。

015
预习理科**多思考**

　　有的同学预习理科仅仅限于阅读一遍课本，至于说是不是理解了不去关心，这是徒有预习的形式，没有预习的实质，说到底还是懒惰造成的。要克服这种懒惰的毛病，就要让自己的脑筋动起来，多去思考课本中的定义、公理和概念，你会发现上课时会轻松许多。

状元经验谈| 我们的好方法

> 👤 **李榕榕**　　　　　　河北省高考理科状元
>
> 　　很多同学把实验课当成是游戏课，并不重视，课前毫无准备。其实，在上实验课前也要认真做好预习。预习时要明确实验目的，弄懂实验中用到的有关理论，熟悉所使用的仪器（注意仪器的型号），了解实验步骤和应注意的事项，在进行这些步骤时要多思考：怎样做是正确的，怎样做效率才更高？只有这样，才能使实验操作更准确，顺利地达到预期效果。

👤 何中华   海南省高考理科状元

　　所谓化学学得好不仅仅在于会解题，能得高分，更重要的是用化学思维来思考问题。所以，在课本之外，可以浏览一些介绍化学新领域和新动态的报刊，甚至读一些通俗易懂的化学论文。这不仅能够开阔眼界，拓展知识面，还有利于参加各类化学竞赛，同时对目前各类考试流行的新题型——信息题的解答也会有所帮助。当然了，这些都需要我们利用课外时间去补充。

　　总结状元们的上述经验，理科预习，最重要的是进行思考。下面，我们介绍两种非常实用的理科预习方法。

1. 章节或专题预习法 ✏

　　数学、物理、化学、生物等学科，一章或一个专题的内容联系广泛，逻辑性很强，前面的基础打不好，后面的内容就学不会，一般应选择在周末或其他自由学习时间分块集中进行预习。如果某堂课偏重概念或定理，那么我们在预习时把书上的内容通读之后，首先应该回想一下这一节中有几个概念、几条定理，它们都说了些什么。如果还不清楚的话，就应该再仔细地阅读，不能怕多花时间。等把这些问题都弄清楚了，再结合书中的例子，对所有的定理、概念逐一进行剖析，加深理解。值得注意的是，定义都是用最精练的语言写成的，抽去或者忽略其中任何一句话，甚至一个字，都可能歪曲其本意。所以，在预习时，对这些定义应该逐字逐句地进行分析。理解之后，再试做课后练习题。

2. 实验预习法 ✏

　　中学化学、物理、生物学科的演示实验很多，认真做好实验对于理解学科基本规律、培养学生的创新能力具有重要的作用。在每次做实验之前，一定要预习并细读实验的内容，了解实验目的、实验器材和实验步骤，一边看一边在头脑中想这个实验，尽量想象每一步骤怎样做，会出现什么现象，怎样解释。对于课本上的每一个注意事项，都要认真思考：为什么要注意这些问题？如果不这样做会出现什么结果？通过读教材，在心中做实验，对实验的过程和要求有一个清晰的了解，为做实验做好准备。

这一小节，我们有针对性地介绍了理科的预习方法。不过，再好的方法如果不坚持使用，也不会收到预想的效果。所以，预习要持之以恒，形成习惯，同时要根据课程安排、学科特点、自身情况等，灵活安排预习时间。

016
进行**预习效果评估**

　　大家都在预习，但究竟预习效果怎么样呢？有多少同学去关注呢？据我所知，有不少同学是把预习当作一项任务去完成的，觉得反正我是预习了，完成预习任务后就不再去想预习这回事了。其实这样的态度是很不负责任的，我们知道，预习是为上课做准备的，预习效果的好坏直接关系着听课的质量，所以进行预习效果评估就显得很有必要了。

状元经验谈I 我们的好方法

👤 刘梦非	吉林省高考理科状元

　　可能有的同学会说："我也经常预习，可怎样知道预习的效果好不好呢？"就我个人的体会来看，首先要明确预习任务，预习任务实际上至少包括两个方面：一是标明不懂的地方，二是记住基本的框架。上课时对课本知识的重点、难点把握得很好，这就说明预习有了效果。

于潇　　　　　河北省高考文科状元

　　我是在预习前就制作一个预习表格，预习时把具体的内容填到预习表格当中去，哪些是重点、难点，一目了然。等上课时老师讲到预习表格中的重点、难点时要格外留心，下课后检查一下自己之前预习的效果，看那些重点和难点是不是都掌握了，如果掌握得不太好的话，就要课下再花一些时间去钻研或请教老师。

吕晔　　　　　宁夏回族自治区高考理科状元

　　我觉得，课后进行预习效果评估很重要。那么，预习应该达到什么样的效果呢？我总结了两个方面：一是在预习后听课应该更轻松了，如果发现预习后听课还是跟不上老师的节奏，那么只能说明你的预习方法有问题；二是预习后主动参与课堂学习的积极性应该更高了，由于对老师讲的内容已经预习过了，这时听课应该更有信心，回答老师的提问也更积极。

刘毅文　　　　云南省高考文科状元

　　在进行预习时，我通常的做法是在书中做批注，标明哪些是重点，哪些是难点，哪些是自己还没弄懂的内容，其他内容也简单地写上自己的思路。课后利用10分钟的时间就可以检查预习的效果，看看老师讲课的思路和当初自己想的有什么不同，老师标明的重点、难点和自己认为的重点、难点是否一致。这样一比较，往往就能发现知识上的薄弱环节。

　　在状元们看来，对于预习效果应该进行评估，以便对自己的预习方法做相应的修正，从而提高学习效率。那么，我们在课后进行预习评估时具体要注意哪些问题呢？

1. 是否明确了预习任务

明确预习任务是课后进行预习效果评估的前提，我们需要明确以下几点任务。

（1）是否通览了要预习的内容，初步理解了课本的基本内容和思路？教材是否至少读了两遍，有没有进一步精读、细读？

（2）是否明确了重点、难点？预习时是否认真分析了教材知识体系，是否挖掘了新知识的内在联系，确定好了重点和关键？是否在扫清知识障碍的过程中，发现了自己难于掌握和理解的地方？

（3）有没有做好预习笔记？预习的结果，是否认真记在了预习笔记上？预习笔记一般包括：课本的主要内容、层次、思路，自己没有弄懂、需要在听课时着重解决的问题，查阅的旧知识、补充的新资料和自己的心得体会，等等。笔记是否简明扼要，科学适用？

2. 是否拟订了预习提纲

预习前最好能草拟预习提纲，然后根据预习提纲带着问题去阅读、思考和理解课文。预习提纲可根据与现行教材配套发行的各学科教学目标手册去拟订。手册中每一节课都有具体的教学目的，且已划分出能力的达标层。对照这样一个提纲，进行预习效果评估是很方便的。

3. 预习后是否进行了思考

读完教材合上书本后，围绕预习任务思考一下：教材讲了哪些内容，主要的思路是什么，哪些是新知识，与新知识有关的旧知识是什么，还有哪些问题不理解，等等。如果思考的这些问题大部分能在自己的脑海中形成答案的话，那么你的预习效果就是合格的。

4. 是否做课后练习题检查过了预习效果

预习后应该做一些课后练习题，看是不是把本课的基础知识掌握了。预习后应该掌握基础知识，明确重点、难点，但遇到不会做的题也很正常，毕竟还没讲到这一课。通过做题基本能检查出预习的效果如何。

5. 是否进行了课后提问式评估

听完一节课后，你要问自己几个问题，比如："我在预习时标出的重点、难点与老师讲的重点、难点一致吗？" "我总结的知识框架在课堂上能派上用场吗？" "预习后听课与以前不预习就听课效果有什么不同吗？"按照这几个问题评估自己预习的效果是很直观的。

6. 评估过后是否调整了预习计划

如果对自己预习效果评估的结果不太理想的话，就说明你的预习方法或预习计划有问题，这时候要及时调整预习计划，反思自己的预习方法还有哪些需要改进的地方。

另外，在进行预习效果评估时，如果遇到自己不太明白的地方，也可以与老师或同学交流，力求做到客观准确，尽快找到问题所在。修改预习方法或预习计划时，还要根据不同学科的特点具体分析。

第3章

听课好习惯：
学会做课堂学习的主人

中学阶段，课堂学习的时间占了全天学习时间的大部分。假设一年12个月都用于学习，那么中学生有9个月都是在课堂上度过的，课堂听课的重要性不言而喻。无论你的学习成绩如何，无论你的基础功底如何，课堂听讲永远是最重要、最关键的。如果不重视课堂，或者课堂听讲的效率不高，必然会影响学习成绩。中学生要想提高成绩，就必须牢牢抓住听课这个重要环节，争取上好每一堂课，养成良好的听课习惯。

017
课堂知识及时吸收

　　有的同学在听课时存在"课上不懂课后补"的思想，没有尽全力听好课。课下补课上的内容无疑要占用其他学习环节的时间，长此以往，学习就会陷入恶性循环！那么，我们该怎样避免这种情况发生呢？

状元经验谈 | 我们的好方法

> ### 🙎 陈凤竹
> 湖北省高考文科状元
>
> 　　上课铃声一响，"学习机器"就应该马上开动起来，这样做有利于集中精力及时吸收课堂知识。相反，如果上课铃声响过才慢腾腾地拿出课本，或者人进了教室心还在操场上，再加上学习用具没有准备好，不是铅笔没有芯，就是中性笔没水了，或者找不到书，结果老师讲了半天，自己也不知道老师讲的什么。这样对于掌握知识是很不利的。

孙寒泊　　　　　　河南省高考理科状元

　　有的同学听课时，常常忽视老师讲课的开头和结尾，错误地认为：开头语不是"正文"，可听可不听；结束语是"正文"的"重复"，既然前面已经听过了，就可以不用再听了。因此他们在上课开始和结束时经常心不在焉，这是大错特错的。实际上，老师讲课的开头，虽然往往只有几句话，但却是整节课的提纲。我们只有抓住这个提纲去听课，才能知道应该做什么，该按照怎样的步骤去做。结尾的话虽然不多，却是一节课精要的提炼和复习的重点，有着不容忽视的作用。

祝凌霄　　　　　　内蒙古自治区高考理科状元

　　有的同学上课不注意听讲，课下加班加点地补，造成第二天上课没精神，听课质量不高。还有的同学甚至形成恶性循环，根本不愿意去听课。出现这种现象的根源还是在于上课时没有及时消化课堂知识。我课上学习的一个原则就是：课上能解决的问题决不拖到课下。

　　要做到当堂知识当堂消化，首先应该以平静、轻松和愉悦的心情迎接新课的学习，应该想到在新的课堂上自己又将学到新的知识和本领，从而感到兴奋，产生一种心理期盼。只有在这种心理状态下进入课堂，才能确保获得听课的高效率，才能做到当堂知识当堂消化。

　　一节课重要的知识点不会太多，一般四五个，并且老师会着重讲解这几个知识要点。如果你在听课时积极思考，就完全可以当堂掌握知识、解决问题。上课时我们可以从以下4方面去把握。

1. 做好心理准备 ✐

　　有的学生进了课堂，觉得老师讲课有意思就听，没意思就不听，或者忙于做自己喜欢的事，有一种无所谓的心理状态，这种心理状态必然会使课堂学习效率大大降低。而有的学生总盼着上课时能向老师学点新知识，解决一些问题，老师在他们的心目中占有很重要的位置。以这种心理状态听课，才能够最大程度地消化新知识。

2. 一节课的最初5分钟

老师在讲解新课之前，都要回顾上一节课所讲的内容，为本节要讲的内容引个头，并概述本节课的学习目标，综述讲解的思路。我们要抓住这个机会，及时进行回顾，为接受本节内容奠定基础。可惜，很多同学把老师的开场白视为闲话，不注意听讲，更不去记忆，这不能不说是一个很大的损失。

3. 注意老师的要求

老师为了讲好一节课，要研究教学大纲、教材、教学参考书等，同时还要科学地设计教学方案，明确地告诉学生本节的重点、难点，以引起学生的重视。所以，我们对老师提出的要求应予以高度重视。

4. 一堂课的最后5分钟

训练有素的老师，总是利用最后几分钟总结这一堂课所讲的主要内容。这时你要和老师一起复习，巩固本堂课的知识要点。掌握知识要点不仅仅是记住结论，更重要的是理解、明确概念的含义，了解知识间的内在联系，这样才是真正的掌握。

课堂上听课不能听完、记完就算完事了，消化新知识才是听课的目的，不要总想着把问题留到课后去解决，要争取当堂知识当堂消化。

018
集中注意力，提高听课效率

　　听课时，有的同学表面上一动不动，貌似很认真，实际上脑子里正在想与学习无关的事；还有的同学很容易受到外界的干扰，如窗外小鸟的叫声、楼道里偶尔响起的脚步声等，这些声音都会使他们无法集中注意力。那么，高考状元们都是怎么做的呢？

状元经验谈 | 我们的好方法

> **👤 丁若泓**　　　　　　　福建省高考文科状元
>
> 　　有的同学上课注意力不集中，是课间10分钟安排不当造成的。例如，课间做题，上课铃响了，头脑中仍在思考解题的问题，影响了听课效果；课间看武侠或侦探小说，情节紧张，上课铃响了，头脑中一直在想着小说中人物的命运；课间谈论容易让人兴奋的事，像到什么地方旅游等，影响了上课。因此，课间最好进行简单的体育活动、散散步，适当活动一下，不要使大脑太兴奋。

👤 **罗瀚宁** 安徽省高考文科状元

　　强烈、新奇、对比明显、活动变化的刺激物容易引起人的注意。老师在课堂上呈现的教具、实物、模型、图画、多媒体介质、与教学内容相关的生动的故事和笑话、幽默的语言动作等都可以引起学生的注意。而当学习内容缺乏新异性和趣味性时，学习材料就失去了吸引力，这时候我们需要有意集中注意力来提高听课效率。

　　一个差的听课者会因一点儿小小的干扰——脚步声、门的开关声、咳嗽声及铅笔落地的声音而中断聆听老师的讲课。一个好的听课者则会约束自己不去理会使他分心的事，而将注意力集中到老师所讲的内容上。从状元们的经验可以看出，影响课堂注意力的因素很多，我们要做的就是尽可能排除干扰，提高注意力。

　　那么，状元们都是怎么集中注意力的呢？

1. 课前进行心理暗示

　　上课前进行自我暗示，能够对整节课的学习状态和效果产生积极的影响，具体操作方式如下。

　　（1）预备铃响，就回到教室安静地坐好。

　　（2）深呼吸三次。吸气的时候，想象着把快乐和信心吸进来；呼气的时候，想象着把疲劳、烦恼和不安定的因素都呼出去。

　　（3）令全身肌肉高度紧张，保持一会儿，然后慢慢放松，体会放松的感觉。

　　（4）在心里对自己说："这节课的知识对我很重要，我一定能够全神贯注地学习。""我对上好这节课很有信心。"

2. 带着解决具体问题的想法去上课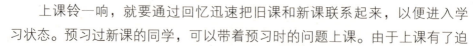

　　上课铃一响，就要通过回忆迅速把旧课和新课联系起来，以便进入学习状态。预习过新课的同学，可以带着预习时的问题上课。由于上课有了迫切需要解决的问题，有了具体的学习任务，因此，我们就会积极主动地去听讲、去思索了。学习"兴奋"一旦形成，其他事情就不易"侵入"，走神也就不易发生了。

3. 不要钻牛角尖 ✐

上课的时候，老师总是从一个问题讲到另一个问题。如果你第一个问题没听懂，不要钻牛角尖，可以先放一放，接着往下听讲。钻研的精神是好的，但课堂的学习有很强的时间限制，如果一个问题没听懂，就拼命地想，老师下面讲的内容就学不到了，这是一种注意力不能及时转移的走神现象，在同学们中普遍存在。为了避免出现这种现象，一旦遇到一时听不懂或需要进一步思考的问题，可以先记在笔记本上，等下课之后再去思考。

集中注意力对提高听课效率是至关重要的，我们不妨按照上述方法去实践一番。

019
听课时要**五官并用**

　　有很多同学反映：上课时老师讲的我都听了，为什么听课效率还是那么低？一位优秀的语文老师给我们道出了其中的原因：这些同学上课时只是盲目地用耳朵在听，而没有调动其他感官一起来学习。听了要记，记了要思，思了要问。多看、多听、多记、多思、多问，这样五官并用，知识才能轻松掌握。

状元经验谈 | 我们的好方法

> 👤 **刘峻豪**　　　　　　四川省高考文科状元
>
> 　　小学时，老师上课讲什么我们就听什么，听一听、背一背就可以考高分。不过在升入中学后，这种被动听课的方法就不见效了。当时，我的学习成绩下降了不少，学习积极性也差多了。但是进入高中后，我琢磨出了适合自己的一套听课方法，那就是，老师一边讲，我就一边猜老师要说什么，这样，在猜的过程中我就全身心地投入到听课中去了，而且还能有意识地进行思考，听课效果自然不用说了。

👤 **刘伊恬**　　　　　　　吉林省高考文科状元

　　学习中最怕的是一知半解。我们在上课听讲时遇到一个结论或者结果时，不要仅满足于自己知道就行了，还应该有意识地去想一想为什么会这样，得出这个结论的依据是什么，还有没有其他可能。老师提问时要主动回答问题，这样能够很好地考查你对课堂知识的理解。自己理解不透彻的地方，老师会做一些纠正，这时要注意听，弥补自己理解上的不足之处。

　　上课时，同学们要带着在课前预习时弄不懂的问题，有目的地认真听讲，要始终保持高度集中的注意力，认真观察，积极思考，做到"五官并用"。那么"五官并用"的方法具体都有哪些要求呢？

1. 眼观三路，耳听一方 ✏️

　　（1）所谓"眼观三路"，就是上课时应注意老师、板书及相关的实验、投影等。课堂上老师有时是导演，他要把自己对新知识的认识、理解传授给大家；有时又要当演员，他的一举一动甚至某个面部表情都可能向我们暗示着某种知识。因此，上课时我们绝不能"目中无人"，要尽量使自己的目光始终注视老师，这是集中注意力的好方法。此外，板书是老师精心设计的，一般来说，一堂课的新知识点、重点、难点都会在黑板上得到体现，因此字字句句都要理解。随着科学技术的发展，现代教学手段不断地进入课堂，老师会给大家展示各种投影、录像、实验、模型等，我们都应该认真观察，加强对课堂知识的记忆和理解。

　　（2）所谓"耳听一方"，就是将所有听力集中在老师讲课或同学们的发言上。因此，要将其他一切杂音，如教室外的喧闹声、个别同学的窃窃私语声摒弃于耳外。只有"耳听一方"，才能跟上老师讲课的节奏，才能真正有所收获。

2. 用猜想法做到听思结合

同样是听一堂课，为什么有的同学收效甚微呢？主要原因就是他们没有把"听"和"思"结合起来。要知道，真正的听课绝不是被动地听老师在说什么。这里介绍一种方法，可以帮你有意识地进行思考，即老师一边讲，你一边猜想他下面要说什么，这会促使你积极地倾听和思考课堂内容。总之，不要做一个被动的信息接收者，要充分调动自己的积极性，将自己的思维和老师讲课的过程紧密地联系起来。这样听课，效果才最好。

另外，我们在预习阶段可以先画一张表格，在表格里提出自己的问题，在听课时留意这方面的内容，必要时还可以向老师提出自己的疑问。

020
抓住老师的思路去听课

　　不知道同学们有没有发现这样一种现象：同样是坐在教室里听课，有的同学一节课下来该掌握的知识点都掌握了，而有的同学脑子里一塌糊涂。这究竟是为什么呢？一位高考状元给我们做了解答：每个老师都有自己独特的讲课思路，抓住老师的思路，才能取得好的听课效果。

状元经验谈| 我们的好方法

> 👤 **陈威**　　　　　　　　河南省高考理科状元
>
> 　　过去我在学习中常遇到这种情况：上课听听就懂，可课后做习题时又觉得抓不住要点。后来我找到了原因：自己上课听得不仔细，没有抓住老师所讲的关键内容，没有领会老师某些话的深刻含意。比如上政治课，我听过就算了，不去想老师为什么要讲这些，要说明什么问题，怎样说明，以及这个问题的要点是什么，等等。这样一堂课下来当然抓不住要点了。

施朝	浙江省高考理科状元

在听课时，特别是老师讲例题时，先听老师的思路，听老师是怎样分析例题的，又是怎样把例题与所学的知识联系起来解决问题的，在此基础上把解题过程和答案记下来。听课时要紧跟老师的思路走，要多想想例题的解法，老师为什么要这么解？还有什么好的或更简便的方法？争取在听课过程中逐渐摸索出自己的解题思路和方法。

从以上两位状元的经验我们可以看出，要想抓住老师的思路，还要注意以下问题。

1. 重视老师的课堂提问

老师在讲课过程中往往会提出一些问题，有的要求回答，有的则是自问自答。一般来说，老师在课堂上提出的问题都是学习中的关键，若能根据老师提出的问题深入思考，就可以抓住老师的思路。

2. 注意老师的提示语

老师在讲课时经常有一些提示用语，如"请注意""我再重复一遍""这个问题的关键是……"，等等，这些提示语往往体现了他的思路和课文重点。

3. 紧跟老师的推导过程

老师在课堂上讲解某一结论时，一般有一个推导过程，如数学问题的来龙去脉、物理概念的抽象归纳、语文课文的分析等。感悟和理解推导过程是一个投入思维、感悟方法的过程，这有助于我们理解、记忆结论，也有助于提高我们分析问题和运用知识的能力。

　　另外，有时老师为了照顾不同层次的学生，采取不同的方式讲不同层次的内容，这时可以根据自己的实际情况有重点地听，即抓住对自己有重要意义的关键内容。也就是说，上课时要紧跟老师的思路，等老师讲到关键处时，要特别留心，紧抓不放。

021
课堂提问**四要点**

　　在课堂上遇到不太明白的问题是很正常的。有了不懂的问题，就要积极思考，思考不出来的就要发问。不少同学有了问题却羞于启齿，或者是提问不得法，不能很好地解决问题。那么，我们在课堂上提问时需要注意哪些问题呢？

状元经验谈 | 我们的好方法

> 👤 **刘丁宁**
>
> 辽宁省高考文科状元
>
> ───────────────
>
> 　　在课堂上，表达出自己的疑问后，你会发现自己得到的不仅仅是老师对你的表述正确与否的判断，更能从中发现自己的知识漏洞和思维盲区。人是不可能不犯错误的，做错题的情况也是会存在的，从做的错题入手，常常能使你加深对这一问题的印象。

顾心怡
江苏省高考文科状元

老师所提的问题，往往包含相关知识的重点、难点或同学们容易出错的地方。因此，老师的提问正是锻炼学生、促进学生思考的最好时机，学生要开动脑筋，快速思考，踊跃发言。学生回答正确，是对自己掌握知识的肯定；学生回答错误，自己存在的问题暴露出来，会更有利于及时纠正错误。当别的同学发言时，也要注意听，边听边分析，对的地方积极吸取，不够完善的地方随时准备补充。

马强
黑龙江省高考理科状元

"递条子"是问问题的好办法，就是把问题列在纸上交给老师。这样做有如下好处：第一，老师可以清楚地看到问题，并留有思考的余地；第二，通过问题，老师可以指出学生在学习中的某些症结；第三，节省了双方的时间。但是，问题得到解答后并不是就万事大吉了，解题过程和问题的答案一定要记清，这一点至关重要。总之，犯错之处正是知识掌握不牢之处，暴露出来是件好事，查漏补缺是提高成绩的关键。

在课堂上，我们向老师提的问题一般应该是自己需要迫切解决的问题。所以，这需要同学们在充分预习、积极思考的基础上，大胆而谨慎地提问。那么，课堂提问需要注意哪几点呢？

1. 找准提问的时机

课堂是同学们集体学习的场所，当老师讲课讲得正起劲时，如果我们站起来提问，会产生两个不好的影响：一是打断了老师的思路；二是打断了同学们听课的思路。所以，我们提问时要注意选择时机，比如在老师讲完某一个小段时提问，或是当老师讲完这节课还没下课时提问，再有就是当老师明确表示可以提问时提问。

2. 问题要问完整

要认识到有疑问是正常的，可能你要问的问题也正是其他人想问的。再则，即使是个人的问题，也不要害怕丢人。因为就算丢人也是暂时的，不懂装懂，只会害了自己。提问之前要把问题想清楚，问的时候要问完整，这样有利于老师集中回答。

3. 先听后发问

如果自己的想法和老师不一样，先听老师的讲解，再举手提出自己的思路。

4. 提的问题要明确

尽管提问的方法很多，但对于学生向老师提问来说，最重要的是，问题要明确，不能连自己也不清楚要问什么。注意对所学课题多问几个"为什么"或"怎么样"，有了问题，然后独立思考，寻求答案。如果自己找不到满意的答案，就向老师或同学请教。

课堂提问是我们听课过程中一个很重要的环节，因此一定要重视起来，在课堂上勇于提问。

022
重视习题讲评课

讲评习题是老师常用的教学方法，有时会专门用一节课的时间去讲评。有些同学总是先入为主地认为习题讲评课没什么好听的，反正自己会做了，听不听无所谓，这种想法是极其错误的。事实上，只要有心，我们就可以从老师的讲评当中学到许多好的解题方法。

状元经验谈I 我们的好方法

> 👤 胡瑞英　　　　　　　内蒙古自治区高考文科状元
>
> 　　备考时一定要跟上各科老师的节奏。考试前，老师们都不惜跳入"题海"，精心研究、选择供学生练习的题目。因此，上习题讲评课时，跟着老师的步伐走，绝对好处多多。我就是老师忠实的跟随者，绝不会因为这些题看似会做了就在老师上讲评课时做自己的事情，那样将少学到很多东西。

> **👤 陈言**　　　　　　　　甘肃省高考理科状元
>
> 　　其实，老师在讲评课上一般都不会为了讲评而讲评，而是通过讲评讲清一些题的解题过程和方法，同时，老师在讲评习题的过程中，还会对知识点进行适当的拓展。如果我们对习题讲评课不重视的话，势必会错过老师拓展的知识点。

　　事实上，习题讲评课是高考复习的常见课，习题讲评的效果如何直接关系到复习的质量。老师为了避免就题论题式的讲评，已经对试卷上涉及的题型和学生答题中存在的普遍性、典型性错误进行了归类，这里面就包含了考试重点或大家易错的知识点。所以，在习题讲评课上，我们可以学到老师是怎么对知识点进行梳理和归纳的。

　　一般来说，在上习题讲评课时，我们应注意以下6个方面。

1. 整理思路 🖉

　　把老师讲评习题的思路或你自己在听讲解过程中想到的思路归纳、整理出来，简要地写在笔记本上。

2. 回忆知识 🖉

　　对于老师在讲评习题时提到的知识点，看看自己能否及时回想出来。若不能，课后就要及时复习巩固。听课时，要跟上老师的思路和节奏。

3. 拓展思路 🖉

　　听老师讲评习题时，自己要先想一想该题如何解。然后，看老师的解法和自己的解法是否相同。如果相同，则再想一想是否还有其他解题方式；若是不同，想一想自己的解法是否站得住脚。

4. 听老师讲分析过程

听一听老师对某道习题是怎样分析、怎样求解的。想一想自己为什么有时想不到，以及老师分析习题时所依据的知识和原理。

5. 注意老师写在黑板上的解题过程

看老师是怎样解题的，想想自己是否也能这样解答，想想老师所写的解题过程有没有漏洞。

6. 分析习题答错的原因

自己做题时答错的题目，课堂上更要认真听老师是怎样讲解的，弄明白自己错在哪里，并及时加以更正。

总之，对于习题讲评课，同学们一定要重视起来，在听的过程中如果有疑问一定要及时提出来，老师讲解时要注意听。自己错过两遍的习题要专门记在本子上，分析自己一再出错的原因，保证以后不再继续错下去。

023
听课策略因师而异

　　每位老师都在为我们"传道、授业、解惑"，只是不同的老师有不同的讲课风格。很多同学遇到自己喜欢的讲课方式就认真听，对于不喜欢的讲课方式则毫不感冒，这样挑剔对老师影响不大，受害的是自己。那么，我们该怎样去适应老师不同的讲课方式呢？

状元经验谈| 我们的好方法

👤 景源	黑龙江省高考文科状元

　　我们班的英语老师可能是讲课经验不足，总是一上来就说几个笑话，逗得大家哈哈大笑，然后东拉西扯几句，一节课很快就过去了。针对这种情况，我想了一个往回"拉"的听课办法。这个办法的具体做法是：预习时将该课的知识点列成表，听课时，我一边听一边看我列的表。讲到的知识点，就画掉；没讲到的，下课后就去问老师，或者自己再认真看看。这样就不至于稀里糊涂地混过去一节课了。

👤 **王星艺**　　　　　　　吉林省高考理科状元

　　我们化学老师人挺好，也有学问，可就是表达能力太差。听他讲课简直就跟听老和尚念经一般。后来我想了个法子：记思路笔记，即追随老师的讲课思路。记住"思路"这个大框架后，再记知识点。

　　结合上述两位高考状元的经验，我们归纳了几种老师的讲课特点，并针对他们的讲课特点给出了有效的听课方法。有了这样的准备，无论以后碰到哪种老师，你都能心里有数，轻松学到该学的知识了。

1. 听"教科书派"老师的课要事先抓重点

　　所谓的"教科书派"老师，是指教师上课时讲解的内容基本上以教科书为主，完全按照教材的顺序上课，导致我们不容易分辨哪些是重要内容，哪些是附带内容。为了防止出现这种情况，你得事先花一番功夫好好预习，至少要搞清楚以下事项。

　　（1）这堂课将学习什么内容？

　　（2）这堂课的重点是什么？

2. 听"脱轨派"老师的课要先详读课本

　　所谓"脱轨派"老师，实际上又可分为两类。

　　第一类老师喜欢使用课本以外的材料，很少讲课本上的内容，把课本抛在一边。上这种老师的课，就要求你在课前充分熟悉课本，课堂上老师讲到其他内容时，你才能很顺利地把课本知识和课堂知识结合起来，融会贯通。

　　第二类是追求课堂效果的老师。上课时他也许会一连说好几个笑话，逗得大伙儿笑声不断，很能调动大家的兴趣，但这种课往往下课后一看笔记，什么也没记下来。之所以出现这种情况，是因为你轻易地被老师"牵着鼻子走"，没有养成"事先详读课本的习惯"。所以，你在课前应详细查阅有关资料，事先准备"重要知识点一览表"之类的东西。

3. 听"念佛派"老师的课要多发问

这类老师经常讲些超出学生理解能力的内容。解决的办法就是师生之间架起一座沟通的"桥梁"。老师方面的工作就是做些测试，了解学生的实际水准和对知识掌握的程度。学生则应该多发问，只要有不懂的地方，不管课上还是课下，都大胆向老师请教。这样，"念佛"就会变成很有魅力的"讲课"。

4. 听"射手派"老师的课要锻炼表达能力

所谓"射手派"老师，就是上课时特别爱提问，跟个射手似的，不知他下一箭会射向谁。有些性格内向的同学特别怕上这类老师的课，因此要好好锻炼自己的表达能力，不要怕当众讲话，讲错了也不要太放在心上。

高中的课程较多，接触到的老师也很多，老师们的讲课风格也多种多样，远不止这里介绍的几种。每个学生都要学会总结方法，努力使自己适应各学科任课老师的讲课方式和风格。只有这样，才能将自己的学习兴趣和积极性调动起来，把各门课学好。

024
抓住课后两分钟

　　捷克教育家夸美纽斯曾经打过这样一个形象的比喻：课后不进行小结就犹如把水泼到筛子里一样。一位高考状元也曾这样说过："课后两分钟迅速把当堂内容小结一下，胜过半月后一天的复习。"可见，课后及时回忆一下课堂知识是很有必要的，哪怕仅花费两分钟。

状元经验谈I 我们的好方法

🧑 黎玥	贵州省高考文科状元

　　人的记忆是有限的，并且会随着时间的流逝而渐渐消失，使原本已学过的知识被遗忘。早在1885年，德国心理学家艾宾浩斯就通过实验发现，之前记住的材料，一小时后只能记住44%，一天后还能记住33%，两天后只能记得28%了。这提醒我们，课后利用两分钟的时间回忆一下课上讲过的内容，会对课堂知识掌握得更牢固。

> **胡亚威**　　　　　湖南省高考理科状元
>
> 　　课后复习，主要是对知识的及时巩固，避免遗忘。对于新课，课后要及时进行总结，以便消化新课知识，巩固相关知识点，检查听课效果，同时也是对课本知识的扩充。课后花两分钟时间进行复习总结也能帮助学生养成良好的学习习惯。

　　高考状元们的经验告诉我们，学完一节课，要及时总结。我们每次只需要拿出课后两分钟的时间，将所学内容回忆一遍，就能及时了解自己对课程内容的掌握程度；同时，还可以让我们进一步巩固所学内容。课后小结一般可从以下几个方面进行。

1. 回顾一堂课从头至尾的过程

　　这节课的主要内容是什么？老师开头是怎样引入的？中间是怎样引导分析的？最后是如何总结归纳的？弄清来龙去脉。

2. 合理评价老师的思路

　　在弄清老师思路的基础上，思索老师用了哪些思维方式，思维过程怎样。

3. 概括知识要点

　　概括出本节课所学的知识要点，并将其纳入自己头脑中已有的知识结构里，使自己的知识结构不断完善。

4. 多问自己几个问题

　　比如，这节课的学习重点是什么？哪几个知识点掌握了？还有哪几点比较模糊？这样一来，记忆就能得到强化，不清楚的地方可以及时想办法弄明白。

　　课后总结的时间不宜过长，简单地概括出上节课所学的知识要点即可。如果时间过长，思维一直停留在上节课的内容中，就会影响自己下节课的听课效果。

025
记课堂笔记四妙招

　　据我所知，有一些学生从不记课堂笔记。还有一些学生虽然意识到了记课堂笔记的重要性，但他们往往听到哪儿记到哪儿，要么三言两语，要么密密麻麻，达不到记课堂笔记应有的效果。那么，我们该掌握哪些记课堂笔记的方法呢？

状元经验谈| 我们的好方法

> 👤 **曹林菁**
>
> 河南省高考理科状元
>
> 　　我的物理、化学笔记均只用笔记本的右侧记，而且不只是将黑板上的东西抄下来，连我认为老师讲的重要的话也记下来；笔记本左侧则记录我的个人总结，我将自己的理解、书上的关键、疑难、相关知识点甚至例题均抄在这里；在笔记本反面，还有我总结的专题。

龚泽惠　　　　　江西省高考理科状元

　　记课堂笔记要因科而异。对于语文、生物和部分化学课程来说，详记是最好的方法。这些课程的特点是：内容比较散，各部分之间的逻辑联系不强，而且各部分内容的重要性比较平均，如果记录不完整，容易导致学习起来不连贯、不系统。对于数学、物理、化学等其他课程来说，略记是最好的方法。这些课程的特点是：前后内容紧密联系、逻辑性强，公式方程等各种关系式较多，因而只要掌握关键内容即可，其余问题可由此推出。

张士欣　　　　　河北省高考理科状元

　　在课堂上，要善于捕捉对自己有用的信息。这些信息中既有知识性的，也有关于学习方法的。老师在讲课时，经常有比较清晰的分析和画龙点睛的描述，讲到比较重要、关键、本质的地方，往往要重复几句，这时你就应该把让你受到启发的、有用的话及时记录下来，以便进行课后复习。在课堂上，老师的提问及同学们的发言往往也会有独到之处，可能是一些理解问题的方法、途径，也可能是一些容易出错的知识点，这些东西也应该记录下来，以便吸收借鉴。

朱娴静　　　　　浙江省高考文科状元

　　记课堂笔记是学习中必不可少的一个环节，我最常用的方法是在课堂上快速记、挑重点记，尽量不影响听课。晚上做完作业后进行笔记整理，我觉得最有效的方法是画一个表格，将白天记的笔记中的重点、难点、疑点填在表格中的相应位置。这样，自己对课堂知识的掌握情况就一目了然了。

　　需要提醒大家的是，做笔记不能影响听讲和思考，这就要求我们做笔记时把握好时机。做笔记的时机有三个：一是老师在黑板上写字时，要抓紧时间抢记；二是老师讲授重点内容时，要挤时间速记、简记；三是下课后，要尽快抽时间去补记。

听课笔记在所有学习笔记中最难记，因为预习笔记、复习笔记主要是通过阅读过程中的视觉获得信息，而听课笔记主要是通过听觉获得信息。听课过程中，老师通过语言表达的信息稍纵即逝，即使重复表达某一信息，也是转瞬即逝。老师精心设计的板书，也会因黑板面积有限而时常更换。因而，掌握正确的记笔记的方式，及时地捕捉、准确地记录信息，是记课堂笔记的主要任务。那么，常用的记课堂笔记的方法都有哪些呢？

1. 提纲式笔记

老师讲课都有一定的条理，在讲解知识的时候，总要分成几个问题，一个一个地讲。一个大问题还可能分成几个小问题，有时一个小问题里又包括几个更小的问题。如语法知识中名词的问题，老师要分为名词、名词的特点、名词的种类等更小的问题来解释。听课的时候，要把握住老师的这种条理，并根据老师讲课的条理编写提纲。

2. 提要式笔记

上面谈的提纲还只是一些大标题和小标题。一般来说，老师对标题所作的解释和分析更为重要。因此，要把这些内容记下来，写在每个标题的后面。怎么记呢？当然不能把老师的话全记下来。这样做，既没必要，也不可能。这就要求我们学会写提要。提要就是提出要点，也就是把老师讲课内容的基本精神和重要的地方从所讲的全部内容中抽出来，并用自己的话做简明扼要的记录。

3. 摘录式笔记

在课堂上，对于老师传授的知识，有时只做提要式或提纲式的记录是不够的，还需要摘录老师讲的某些原话。摘录时，一方面要准确无误地记录关键内容，另一方面不能随便改动知识的结论。像历史课中的年代、人名，地理课中的方位、面积、人口等，属于第一种情况。像数学课中讲的定理、定律、公式，政治、语文等课程中的定义和基本规律等，属于第二种情况。

4. 图表式笔记 🖉

图表式笔记就是将所学过的科目知识，按纵横顺序绘制成图表系统，突出直观性和概括性，便于记忆和掌握。图表中的项目彼此形成鲜明的对比，容易使我们厘清知识的纵横关系，一目了然。图表笔记的优点是简明扼要、脉络分明，它能使你在很短的时间里掌握一定的知识，尤其能够在比较中加深你对知识的系统理解。实际上，绘制图表的过程本身就是对所学知识加以整理、贯通的过程，对于掌握基本概念和原理，弄清概念之间的关系，具有重要的意义。

记课堂笔记的方法是多种多样的，但无论怎么记笔记，我们都应努力使笔记达到一定的效果。例如，记录的章节内容层次清晰，语言简练，公式数据准确；边记边想边提出问题，使笔记内容具有启发性；从笔记中不断寻找和发现线索，用以指明解题的方法和方向。

026
安排好听课流程

　　不少同学存在这样的疑问：上课时老师讲什么我就听什么，该听的内容我都听了，但为什么听课效率还是不高呢？其实，每位老师讲课都是有特定流程的，如开始讲什么、重难点放在什么时间讲等，这些问题都是有所考虑的。有的同学之所以听课效率不高，很大程度上是因为没有安排好自己的听课流程。

状元经验谈I 我们的好方法

👤 **赵浩宇**

云南省高考文科状元

　　如果注意分析的话，就会知道老师的讲课是有一定流程的。在正式讲课前，一般老师会总结一下上节课的内容。千万不要认为以前的知识已经学过，现在就没有必要听了。要知道，记忆是遵循遗忘规律的，只有时时总结复习才能掌握得牢固。

👤 **李言**

甘肃省高考理科状元

　　每节课我都很期待老师讲到预习时我没有掌握的知识点。预习中没掌握的知识往往也是本课的难点和疑点。当老师讲到这些内容时我会格外注意，争取在课堂上就听懂，大多数情况下会当堂解决。偶尔有听不懂的地方，课后及时请教老师。

👤 **郑林壮**

海南省高考文科状元

　　老师讲课是分阶段的，我们也应当采取不同的听课策略。比如，当老师放慢语速一再强调某个知识点时，那重点内容无疑就是它了，这时要高度集中精力；当老师对某个知识点从不同角度、不同侧面去讲时，那这个知识点一般是本课的难点，这时要检查自己是不是真正掌握了这个难点。

　　从上述3位高考状元的经验可以看出，老师讲课并不是平铺直叙的，我们应在不同阶段采取不同的听课策略，学会安排听课流程。

　　听课是要讲究技巧的，仅仅认真听是不行的，认真只是听课最基本的要求。除了认真的态度外，把每科教师喜欢用的讲课流程都总结出来，然后确定出适应每位老师的听课流程，这样将使你在听课中变得轻松，听课效率也将大大提高。

第4章

复习有讲究：

构建完整的知识体系

　　有关专家研究发现：人初次记忆的内容，只能在脑海中停留1~2天，再次记忆后，就能停留15天左右。对于学习来说，这种"再次记忆"就是复习。那些成绩优秀的同学，无一例外都有着良好的复习习惯，复习不仅能使知识得到巩固、强化，还能"温故而知新"。那么，良好的复习习惯是怎样建立起来的呢？

027
复习计划要**统筹规划**

　　同样是制订复习计划，同样是按计划去复习，有的同学复习后成绩提高明显，而有的同学却收效甚微，这是什么原因呢？同学们首先需要弄明白的是：复习是一个"系统工程"，制订复习计划要全方面考虑，统筹规划。比如，要把自己不喜欢的学科与感兴趣的学科同等看待，对薄弱学科应该多分配一些复习时间，等等。制订复习计划也是有技巧的。

状元经验谈| 我们的好方法

> **吉淳**
>
> 江苏省高考文科状元
>
> 　　许多同学面对众多的复习内容，不知从何入手。看见别人复习数学，自己也拿出数学书复习；看见别人背诵政治，自己也跟着背诵政治。这样的"从众"学习心理在复习中是起不到好作用的，我们应该制订适合自己的复习计划。我的英语成绩不是太好，在前期的复习计划中英语占了一半的时间。投入了就有收获，后来我的英语成绩有了明显的提升。

👤 **王菲芃**

山西省高考理科状元

高三阶段的复习内容繁多，必须有一个合理的计划和安排。我的做法是统筹安排，如数学、英语这两科在高考中最容易拉开分数，我在制订复习计划时就有所侧重，而物理、化学、生物这3科是作为一张试卷综合考，我就放在一起复习了。

👤 **耿天毅**

吉林省高考理科状元

复习的科目是6科而不是1科，在制订复习计划之前就应该考虑到这一点，哪一科该多用一些时间，哪一科该放在什么时间去复习，都要有一个计划。早晨时，我的记忆力最好，记忆的东西不容易遗忘，所以把记忆内容很多的英语放在了早上复习。

获得好成绩需要我们长时间的努力，其中复习是很重要的一环。在着手开始复习之前，制订一个好的计划是每个同学都应该做的，漫无目的地复习是大忌。从以上3位状元的经验可以看出，复习计划的制订最重要的是统筹规划。为了达到统筹规划的目的，我们应该注意以下几点。

1. 自我分析 🖊

在制订复习计划前，要对自己的学习情况做一次综合分析，我们可以用问答的形式来了解自己的学习情况。以下几种设问示例可供参照：

（1）我对哪一科感兴趣，对哪一科感到头疼？

（2）我有薄弱学科吗？如果有的话是哪一科？

（3）一天中什么时候最容易集中精力？哪个时间段学习效率最高？哪个时间段学习效率最低？给每个时间段的学习效率按高低排个顺序。

（4）我在考试时经常错的题型是什么？针对哪类题型进行复习可以短期内提高分数？

弄清楚了上面4个问题后，一个适合自己的复习计划就完成了一半。

2. 穿插进行 ✎

同学们大都有这样的体验：学习时间长了会感到疲劳，这时如果换换脑子做点其他的事情，就能很快恢复精力。复习也是这个道理，为了最大程度地提高复习效率，我们可以将不同知识点、不同学科进行穿插复习。比如：

周一：以数学为主，英语、政治为辅；

周二：以英语为主，语文、地理为辅；

周三：以政治为主，数学、语文为辅；

周四：以历史为主，政治、地理为辅；

周五：以地理为主，数学、英语为辅；

周六：以语文为主，英语、政治为辅。

3. 适当放弃 ✎

有的学生不知道灵活变通，比如，复习数学时遇到两道难题，卡了一个小时也没有思路，却非要做出来不可，一晚上的时间都搭进去了。结果，这两道题没有眉目，其他的科目也耽误了，情绪也难免受到影响。正确的做法是：把这两道题放一放，先完成其他科目的计划，最后如果还有剩余时间，再回过头来处理先前的"遗留问题"，如果没有时间就放在以后再做。

4. 兼顾全面 ✎

有的同学对喜欢的科目先复习，不喜欢的科目总是一拖再拖；有的同学把自己的强项放在前面复习，弱项的复习受到影响，导致强项越来越强，弱项始终没得到实质性的提高。其实，每个同学都有自己的强项和弱项，正确的做法是强项要强化，弱项也要弥补。

制订复习计划的目的是巩固知识，提高成绩。要达到这个目的，制订计划时统筹规划是必不可少的。上面的4个要点同学们一定要重视起来。

028
回归课本，**强化基础**

据我多年的观察，同学们复习时容易犯的一个错误是：偏离课本，教辅书不离手。其实，课本才是我们的"根据地"，什么是重点，什么是难点，在课本中都有体现。以课本为基础，我们才不至于迷失方向。

状元经验谈 | 我们的好方法

> 👤 **龚晓曦**
>
> 湖北省高考理科状元
>
> 在复习备考时，我喜欢琢磨教材，一旦抓住了教材的脉络，学起来就会豁然开朗。其实教材里的知识是最基础、最实用的，把这些掌握了，考试成绩在中上水平是没问题的，这比看一大堆教辅书效果更好。试题应当在消化课本知识之后才开始做，因为照着书上的证明抄写或不加考虑地乱套公式，是不会收到良好的学习效果的。

👤 **王子瑾**　　　　　　　河南省高考文科状元

　　谈到复习，我的经验是注重基础知识，尤其是到了冲刺阶段，不要钻研难题、偏题，而是要巩固课本上的基本题目和解题方法。有的同学不愿意多下功夫，总想搞点什么窍门少复习一点儿，自认为不重要的就不复习，而自己的主观猜测又往往与考试的重点不吻合。常常听到有的同学在考试后说："我复习到的都没有考，恰恰考到一些我认为不重要的。"这种猜题式的复习当然难以取得好成绩，复习还是全面些好。

👤 **丁雅琦**　　　　　　　安徽省高考理科状元

　　会学习的同学，在平时的复习中就已经完成了对各类题型的训练与分析。到了临考复习时，我复习的重点是放在对课本知识的强化记忆上，如重要的概念、公式、原理、定理和结论，重要的词汇和语法规则等。回归课本在后期复习中显得尤为重要。

　　我们复习时看课本，一方面，要把新的知识充实到原来的知识体系中，"把书读厚"，深化对知识的理解和运用。另一方面，如果知识体系过于庞大，那么考试中碰到无从下手的题目时，思考的时间就会很长。所以，我们又要善于"把书读薄"，要能提纲挈领，尽量简化知识体系，找出知识点之间更深层的联系。

　　那么，我们以课本为基础复习时应该注意哪些问题呢？

1. 把书读厚 ✏️

　　如何"把书读厚"？一个重要的办法就是：将其他书的"精华"搬到你的课本中来。具体的方法有：

　　（1）补充书中的材料或习题。比如复习政治，可以把报刊热点评论等材料复印下来，充实到课本相关章节中。又如学习数理化，课本上的例题和习题数量有限，且一般为难度中等偏下的题目，我们可以从其他习题集中，把自己认为比较好的题目复印下来，补充在课本的相应章节中。

（2）补充论述。在读别的书时，看到精彩的论述，可以摘抄到课本上。

（3）补充图表。一些辅导资料对课本内容做了归纳和总结，列成图表，能够帮助我们更好地理解和掌握课本内容，不妨将这些图表复印下来，补充到课本中去，复习时可以对照着看。

2. 把书读薄 ✎

如何"把书读薄"，高考状元们常用到的方法有：

（1）忆。就是翻开课本目录，看看自己是否能够根据目录，依序记忆各个课题里面的知识内容，回忆其中的概念、性质、法则、公式、数量关系和解题方法等。在忆的过程中，可以边忆边把知识要点记在草稿纸上，以加深印象。忆不起时再翻看有关内容。

（2）说。就是在独立回顾、记忆一番后，几人一组，共同述说各个章节的基础知识、重点内容及知识点间的联系与区别等，以此起到相互启发、相互补充、相互完善的作用。

（3）写。可先默写目录内容，看看自己是否记住了教材的主要内容；再用书面形式整理知识梗概，辨析易混知识，叙述学习的方法和体会。

高中学习的重要任务是掌握基础知识和训练基本技能，也就是大家平时说的"双基"。高考考题的形式和角度可以千变万化，但万变不离其宗。也就是说知识在课内，题目在课外。因此，复习时不要忘了回归课本，强化基础。

029
梳理脉络，构建体系

　　有的同学在复习时满足于对单个知识点的理解，忽视了知识的整体性，这样复习在考试中拿到基础题的分是不成问题的，但遇到综合题通常就显得很吃力。要解决这个问题，在复习阶段就要通过目录、专题等梳理知识脉络，构建完整的知识体系。

状元经验谈Ⅰ 我们的好方法

👤 施丹旖	浙江省高考文科状元

　　我看教材喜欢先看目录，因为这样做有两个好处：一是有利于全面了解课本知识的章节结构；另一个是即使不看课本，脑中也会浮现整体知识框架结构。有的文科生认为，政治、历史、地理等科目，只要死记硬背，成绩不会差到哪里去。其实这种想法是错误的。为了适应文科综合卷，我的做法是把这3科的知识点联系起来进行记忆。比如记一个地理名字的时候，就联想一下在这个地方发生的历史事件。

李翔　　　　　　　重庆市高考文科状元

　　我学习时十分注重梳理知识的脉络，注重对知识进行归纳总结。比如学习历史时，我按政治制度、经济制度、外交政策、改革、战争、历史转折事件等不同的线索，对课本内容进行了6次总结。在形成多条线索的知识体系后，一旦想到战争，历史课本中古今中外、各个时期的战争都在大脑中显现；一旦想到改革，历史课本中所有与改革相关知识点就能全部想到。答题时各个知识点信手拈来，做起综合题来更是得心应手。

李宁宁　　　　　　陕西省高考理科状元

　　我认为自己数学学得好的原因，就是已经形成了知识体系。每做一道新题目，即使一时做不出来，也能想到这道题目涉及书中哪章哪节的知识点，应该用哪个数学定理和解题技巧来解答。并且，我每做出一道新的典型的数学题，就能把总结出的知识点和解题技巧融合到已有的知识体系中。这样，我的数学知识体系就越来越完整、细致。而有些同学，数学题目做得越多，脑子越乱，原因就是没有把知识系统化。这样，每多掌握一个解题技巧，解题技巧的体系就又庞大了一些，考试时碰到某些题目，就要在大脑中搜索很久。如果时间又很紧张，就容易产生混乱。

　　不论哪一科知识，都是"学时一大片，用时一条线"。我们复习时不是简单地重复学习，而是要注重总结和归纳，建立起系统的、有重点的知识体系。有哪些方法可以帮助我们构建知识体系呢？

1. 利用目录来复习

　　（1）背诵目录法。注意目录的层次，先从第一层目录开始，记住全书分成几章。然后背诵第二层目录，比如第一章下面包括哪些小节。将每节书中的主要知识点也背下来，并每隔一段时间回忆一下。

（2）背诵考纲法。将各门课程的高考考试大纲反复背诵，在大脑中形成各科知识的整体框架，然后精读课本和参考书，将每个知识点都理解透彻、反复记忆，并将每个知识点的内容充实到整体知识框架中，使知识点清晰化、系统化。

2. "章节"与"专题"相结合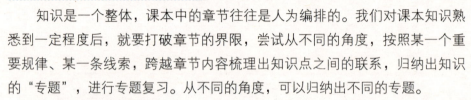

知识是一个整体，课本中的章节往往是人为编排的。我们对课本知识熟悉到一定程度后，就要打破章节的界限，尝试从不同的角度，按照某一个重要规律、某一条线索，跨越章节内容梳理出知识点之间的联系，归纳出知识的"专题"，进行专题复习。从不同的角度，可以归纳出不同的专题。

（1）按体系分专题。

（2）按题型分专题。

（3）按热点分专题。

3. 画出你的"知识地图"

画出知识的网络图，通过这样一张图，将所有的知识点联结起来，并清晰地标明知识点与知识点之间的联系，形成一个整体结构，就好像一张为你导航引路的"知识地图"，复习时只要对照图表检查自己对各个知识点是否掌握就可以了。我们可以分三个步骤画出自己的知识网络图。

（1）仔细阅读课本内容，全面理解各个知识点。通过分析、思考，了解教材的知识体系、重点、难点、范围和要求，找出各知识点间的联系，掌握知识的脉络。

（2）写出各个知识点，并用线条将相关的知识点连接起来，然后在线条上标明各个知识点之间的关系，形成一张纵横交错的网络图。

（3）网络图归纳的内容可大可小，可以是整本书的内容画成的一张网络图，也可以是每个章节的内容画出的一张网络图。

4. 从面到点构建"树形"知识结构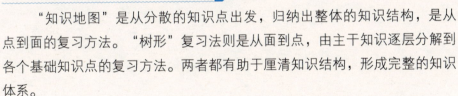

"知识地图"是从分散的知识点出发，归纳出整体的知识结构，是从点到面的复习方法。"树形"复习法则是从面到点，由主干知识逐层分解到各个基础知识点的复习方法。两者都有助于厘清知识结构，形成完整的知识体系。

（1）主干法。根据一定的规律按顺序将主要的概念连成主线（树干），然后对主线上各点进行衍生，把其余的知识点放在主线上各点所引出的支线（树枝）上。

（2）展开法。将某一部分的全部知识，用线条、括号和精练的语言文字，按知识内在的层次关系逐级概括、层层展开，就好像从树干到树枝层层分叉，最后到每一个具体的知识点，形成一个总的知识体系。

基础知识点是零散的，零散的知识不利于记忆。因此，我们应该在把握知识"零件"的基础上，通过知识点之间的逻辑关系形成体系。这就像把杂乱分散的知识点打个"压缩包"，能够大大增加记忆的容量，并且加深对知识的理解和运用。

030
考前复习要**抓住重点**

　　每当临近高考，虽然我一再强调让同学们放松心态，但还是明显感到教室中的气氛与高一、高二时不同。面临求学阶段最重要的考试，没有人能真正轻松起来。但我们决不能因此打乱了自己的复习计划，高考前最后一段时间的复习，最重要的是抓住重点。

状元经验谈| 我们的好方法

👤 王佳楠	黑龙江省高考理科状元

　　在高考的最后冲刺阶段，我经常提醒自己：不要再纠结于一些细枝末节了，时间已经很紧迫了。我的做法是采用"主干复习法"，略去细微的知识点，把整本书的目录框架，以及书中的主干内容再回顾一遍，有时间再去看其他详细内容。

👤 **孟鑫禹**　　　　　　　　云南省高考文科状元

　　考前冲刺阶段时间有限，不可能再细抠每一个知识点了。我主要"跳看"书中的重点内容，如书中框出或加黑标出的重点内容，还有自己平时看书时标注的重点。至于各个要点的详细内容，根据自己的理解发挥，基本也不会偏差到哪里去，因此我每次考试都能拿不错的分数。

👤 **倪慧**　　　　　　　　安徽省高考文科状元

　　考前复习阶段，我的做法是通过列表的方式总结归纳出各章知识点和题型，迅速地抓住各科目的要点知识，将整个知识体系清晰地"印"在脑海里。如复习数学，可以列出"方程解法小结表"。这样，通过一个表格，就全部掌握了所有方程的知识点和题型。

　　临近考试，同学们争分夺秒地复习，这时提高复习的效率很重要，我们应该进行一些提纲挈领式的复习，特别是检查一下重点内容的掌握情况。这里有几个有效抓重点的复习方法，也都是根据高考状元们的经验总结出来的，同学们可以根据实际情况加以借鉴。

1. 提纲回忆法 ✏️

　　我们在最后的复习冲刺阶段，应主要以回忆和整理整个知识系统为主，可以总结为"串提纲"和"串公式"两种方法。

　　（1）对于文科科目，主要是"串提纲"。我们可以按照大纲列出的知识点，回忆自己记得的内容，如果想不起来或觉得记忆不牢固，就翻课本查找，背诵2~4遍。然后再回到大纲，继续往下复习，把整个大纲串下来。

　　（2）对于理科科目，主要是"串公式""串例题"。复习时对照大纲和公式，在背公式的时候回忆公式的应用，并结合大纲，看大纲列出的知识点关注哪些问题，该用哪些公式套用解决。

2. 快速翻书法

这种快速翻书的方法，利用"过电"唤醒记忆，使复习过程更具针对性和目的性，能够快速补充自己欠缺的知识，最广范围内地刷新知识，唤醒知识记忆，是非常有效率的复习方法。

3. "跳读"法

所谓"跳读"，是指在看课本时，不是逐字逐句地细读，也不是连续地阅读，而是快速浏览，重点把握知识的整体结构和重要知识点，能起到很好的复习效果。"跳读"必须有两个基础：

（1）对相关的课本内容已经相当熟悉，才能有拨云见日之功，轻易找出重点。

（2）要带着目的去读，读时自己头脑里有个整体的框架或线索，才能有针对性地搜索出书中的相关内容。

另外，我们在进行考前复习时，也可以根据某个线索，把课本中同一主题的内容串起来读。这种方法可以在复习中将知识重新梳理一遍，加深对知识的理解。

031
不容忽视的**零散复习时间**

进入高中后，学习任务繁重，很多同学感到时间不够用。有同学调侃道："课上认真听讲，课下争分夺秒。"这也的确是高中紧张生活的真实写照。在这种"一寸光阴一寸金"的情况下，利用零散的时间去复习，也就成了很多同学的惯常做法。那么，我们该怎样把零散时间利用好呢？

状元经验谈| 我们的好方法

> 👤 **严丹华**
>
> 浙江省高考文科状元
>
> 利用零散的时间复习零散的知识点是再合适不过的了。我主要利用零散的时间来复习英语单词、语文中的词语等基础知识。大块的时间可以用来做题，或记忆系统性很强的知识。我的做法是把那些零碎的知识点写在小纸片上，随身携带，在零散时间里拿出来看看，时间久了积累的知识也很可观。

邹贤坤　　　　　　贵州省高考理科状元

你可曾计算过每天花在上下学路上的时间？如果你每天都要坐30分钟左右的公交车或地铁上下学，那么你可以坚持在路上听英语，日积月累，你的英语听力肯定会大有长进。假如你家离学校不远，而你能把走在上学或放学路上的时间利用起来，每次只需要复习两三个单词、一首小诗或一个公式定理，一学期下来，你一定会为自己的收获而惊讶。

吴戴维　　　　　　湖北省高考文科状元

俗话说得好："一日之计在于晨。"心理学的研究也表明，清晨人的大脑处于调整阶段，由于没有先前知识的干扰，背记效果最好。在复习过程中，同学们也会发现这样一个记忆特点：如果在早晨背记英语、语文、历史、政治、地理等学科知识，往往会记得更牢、更快。所以，我利用等待妈妈做早饭的30分钟来背英语单词或诗词古文，虽然只有短短半个小时，但这是一天之中最宝贵的时间，对我学业提升起到了不可估量的作用。

对时间计算得越精细，事情就做得越完美。如果复习时你能以分钟为单位，对那些看起来可以忽略不计的零碎时间加以利用，你的收获会更大。著名数学家华罗庚曾说过："时间是由分秒积成的，善于利用零星时间的人，才会取得更好的成绩。"的确，如果我们每天用零散时间读几页文章，哪怕只坚持读一页，一年就是365页。但是如果你每天落后别人一步，一年后就是365步啊！

那么，都有哪些零散时间可以用来复习呢？

1. 饭前饭后的时间

（1）早饭前往往有一段自由时间，这段时间是很宝贵的。利用这段时间进行复习，效率一般会很高，复习的内容也不容易被忘记。

（2）午饭后容易犯困，所以不宜在午饭后做数学题，应该静下心来复习一些难度不大的内容。

（3）晚饭前的空闲时间也要利用起来，这时候做一两篇阅读训练题比较合适。

2. 睡前时间

（1）记忆古诗词需要长期坚持才能见效，朗读时外部环境的干扰越少越好。所以，把睡前的时间用在古诗词的复习上比较合适。这样既不浪费时间，又能促进睡眠，一举两得。

（2）晚上睡觉前，不要忙于对笔记、翻课本，最好集中精力在脑子里先"放电影"，把白天老师讲的内容回忆一遍，看看记住了哪些，还有哪些不理解、没记住，然后再去看笔记和课本。接着就总结一下什么是重点，问问自己懂没懂，然后通过做作业，再进行检验和巩固。

3. 课间5分钟

一般来说，课间利用5分钟的时间复习一下课上的内容，会将知识掌握得更牢固。这是"趁热打铁"的复习策略，对巩固刚学过的内容有很大好处。

4. 坐车过程中

如果你是坐公交车上学，那么也不要浪费车上的这段时间。你可以这样做：闭上眼睛，静下心，把要复习的内容在脑子里过一遍，就像过电影一样。

对于中学生来讲，每一分每一秒都是很重要的。善于利用零散时间复习功课是很多高考状元的共同特点。因此，利用起那些零散时间，会增加你的有效复习时长，使你掌握更多的知识。

032
慎重选择参考书

　　进入高考复习阶段后，同学们都想选用一些适合自己的参考书。但市面上参考书类型太多了，有侧重讲解书本内容的，也有注重试题解析的，不一而足。同时，参考书的质量也良莠不齐，大家应该如何选择呢？

状元经验谈 | 我们的好方法

👤 孙一先	北京市高考文科状元

　　参考书的种类很多，该怎样去选择呢？我认为最重要的是选择一本适合自己的。比如，我的数学成绩不太好，那我在挑参考书时就会选择讲解较多且较详细的数学参考书。参考书中习题的解题思路有可能与我们的不同，这时要进行对比，看是自己的解题思路好还是参考书中的解题思路好。如果参考书中的解题方法比自己的解题方法更简单，那就要仔细研究一下参考书中的解题思路。

> ### 👤 莫凡人　　　　　广西壮族自治区高考理科状元
>
> 　　指导我们复习的参考书可谓五花八门，令人眼花缭乱，各种习题集、练习题汇编等应有尽有。但我们究竟应选择什么样的参考书呢？就数学这一科来说，选择"题解"类参考书，对我们很有帮助。我学习数学的秘诀就是：紧紧抓住例题不放。参考书中的例题，都是经过筛选的，解题思路和方法具有典型性和代表性，值得借鉴。

> ### 👤 董小华　　　　　内蒙古自治区高考文科状元
>
> 　　在宝贵的复习时间里，参考书要慎重选择。一本好的参考书可以令我们的学习锦上添花，而一本坏的参考书不仅会耽误我们的宝贵时间，甚至会误导我们。我选择参考书的原则是：该参考书答案准确且内容能够反映课本的重点。

　　目前高考图书市场上各类参考书相当多，有的同学对参考书不屑一顾，有的同学却认为参考书比教科书高明，这都有些片面。实事求是地说，参考书中确有精品，也确有糟粕，关键是看你能否将那些真正适合自己的精品从书山中找出来。不要跟风，不要别人买什么参考书你也买什么参考书，适用最重要。

　　从以上3位状元的经验可以看出，参考书的选择是有技巧的。那么，我们该如何从书山中选择适合自己的参考书呢？下面介绍几点选好一本参考书的原则。

1. 优先选择老师指定的参考书

　　老师的教学经验丰富，通常能很快把好的参考书甄别出来，并常常将其作为教学中的辅助教材。所以，对于老师指定的参考书，我们要格外重视。

2. 根据自己的实际状况选择

基础稍差的学生，应选择内容浅一些的参考书，这样的参考书应该讲解概念多一些，举例多一些，习题难度一般；基础好的学生，以扩大视野为主，可选择内容深一些、综合性强一些的参考书。

3. 选择一版再版的参考书

再版次数多，说明用的人多。内容不断更新，说明有专家、正规编写人员在不断地研究教材，研究学生，研究历年考试题型。这些专家经过研究，把他们认为学生应该掌握的内容编进书里。你只要通过学习和复习，逐步掌握这些内容就行了，不用再去猜题了。

4. 选择最新版的参考书

参考书的内容是不断更新的，拿到书后先要翻看初版或再版日期，如果它还是两三年前的版本，则当机立断放弃。新版图书的题型都是新编题型，或者是从旧书中摘录的典型或热门题型，其价值比旧书大得多。

5. 看编者

最好是选择名师编的参考书。现在许多书都冠以"名师导读"一类的标题，该编者是不是"名师"，水分可就大了。一位高考状元曾说，她上高中时一直坚持上物理、化学的奥校和提高班，因此对市里的"名师"略知一二。这样选书时就能做到心中有数。对于实在拿不准是不是名师的，不妨去问问自己的老师。

另外，购买参考书的时候应尽量挑选书后附有答案的那种。如果不带答案，每次做完题，却不能检查自己答题的效果，就容易失去学习兴趣。有些参考书中的解析也很详细，这类参考书也值得我们一读，详细的解析可以为我们提供不同的解题思路，对我们更好地掌握解题方法是大有裨益的。

033
复习题目要**精选精做**

　　在复习备考的过程中，同学们都会做一些试题来检验自己的复习效果。那么，我们该怎样选题和做题呢？大家知道，考前的时间对每个人来说都是非常宝贵的，每个人都恨不得让时间过得慢一些，再慢一些！在这种争分夺秒的特殊时期，对复习题精选精做显得格外重要。

状元经验谈I 我们的好方法

👤 惠雅婕	甘肃省高考文科状元

　　说到复习环节的做题，那是最有讲究的。尤其是最后一轮复习期间，大家的时间都很宝贵，我的做法是选择一些典型的试题来做。什么是典型的试题呢？我的判断标准是老师经常强调的那类试题，对于那些偏题、怪题，这时候再做就是纯粹浪费时间了。

李虹洁 海南省高考文科状元

进入高三总复习阶段，选题做题是很重要的一个环节。题选好了，做一道题顶得上别人做两道题。选不好，也许做三道题才顶得上别人做一道题。效果差得不是一星半点。我的做法是，先征询老师的看法，再就是复习一下自己考试时曾经做错的题目。

柯曦 湖北省高考理科状元

我周围的一些同学经常说，有些题明明都会，怎么老做不对呢？于是就找原因，找来找去，原来问题出在运算上。造成运算错误率高的原因主要是轻视运算。在复习的最后阶段，自己费了好大精力才选好了试题，如果轻视运算，不仅对不起自己付出的时间成本，更严重的是很可能导致高考失利。

谢若嫣 福建省高考理科状元

我做题遵循精选精做的原则，再附以题后思考，收到了良好的效果。所谓题后思考，就是在每次做完一道题后，花一定时间用于回顾刚才做题时的思考方式，思维为何在某处出现障碍，之后是如何解决的。刚开始做题后思考的时候，可能会很慢，但随着不断的重复，速度会不断加快。

对于深陷"题海战术"而不能自拔的同学来说，要记住一句话：做题有量，更要保质，题贵精而不贵多。重复做相同题型，简单题反复算错，像这样没有质量地做题，既浪费时间也耗费精力。

从以上4位高考状元的经验来看，选择复习题目是很讲究方法的，总结起来就是：精选精做。那么，我们怎样才能做到精选精做呢？

1. 题目要精选

精选，是指在众多的习题册中选出最适合自己的一两本，细心做完。状元们总结了"做题四项基本原则"，能帮助我们筛选习题。

（1）不要对所有的题"一视同仁"。要善于抓住最重要的信息，基础题、典型题、易错题要详做；高考真题可反复做、反复琢磨；某些参考书上的题大略翻看一下题型就可以了，超出高考大纲的更没必要做。

（2）会做了就不做，重点做不会做的。很多同学忘记了这个简单的道理，反而不会的不做，会了的还做，浪费掉高考前宝贵的时间。

（3）做过的题要整理。学会珍惜自己做过的题，将它们分门别类地整理成册。

（4）整理后的作业要不时重做。作业按类别、题型、难易整理好后，要定期翻看，看到生疏的题目要及时重做，巩固记忆。

2. 题目要精做

精做，是指做完题后，不要马上将之抛到脑后，要用心体会题目考查的知识点、作者的出题意图、自己思考的难点等，弥补以前做题所不曾意识到的地方，不断完善做题的技巧和熟练度，提高运算的准确率，保证一次就做对。题目精做要注意以下几个问题：

（1）想一想，该题考查的是什么知识点？

（2）回忆一下，以前是否碰到过类似的题？

（3）此类题通常采用哪种可行方法？基本思路如何？思考如何寻找其突破点。

（4）反思推导过程是否合理，逻辑是否严密，所考虑的情况是否全面等。

按照以上方法去选题和做题，相信同学们能充分有效地利用好高三的最后一段复习时间。

034

梳理知识点，考前不盲目

　　高三最后复习阶段，有的同学陷入了盲目状态，临近高考，反而乱了阵脚。这是为什么呢？一位高考状元认为这是复习目标不明确造成的，这个阶段复习的重点在于梳理重要知识点，形成网络与链接，以便在高考时顺利提取。做到这一点，那种盲目的状态自然就消失了。

状元经验谈| 我们的好方法

> **👤 王伟**
>
> 宁夏回族自治区高考理科状元
>
> 　　考前复习阶段，可以回顾自己做题时易犯的错误并进行总结，同时还要适当做题，保持"题感"。梳理知识点也是一项很重要的工作，课本中的重要知识点是考试的主要内容，把它们掌握了，在考试中就能拿到最基础的分数。

👤 **王子元**　　　　　　　云南省高考文科状元

　　我在高考冲刺阶段的复习中采用了最简单的办法，那就是根据目录去复习。目录一般反映书中的知识要点，是一本书的精华。通过看目录，能够找出知识上遗漏的地方，进行及时补充。

👤 **毛仕卓**　　　　　　　江苏省高考理科状元

　　做题切忌做难题、偏题、怪题。其实，高考中真正的难题并不多，大部分题目反映了课本中重要的知识点。如果复习时把时间花在难题上，不仅会浪费时间，而且会因为解不出难题而让自己感到异常烦闷与不安，导致自信心下降，最终影响考场发挥。因此，我们应将精力放在典型题上，巩固重要知识点。

　　考前复习该如何梳理知识点，才能做到胸有成竹？高考状元们有以下几点建议。

1. 梳理知识点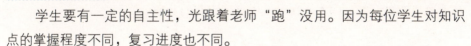

　　学生要有一定的自主性，光跟着老师"跑"没用。因为每位学生对知识点的掌握程度不同，复习进度也不同。

　　首先，归纳知识点。比如，根据作文的题材、内容进行适当分类，这样，在考场中遇到任何作文题，都可以做到心里有底。

　　其次，参照考纲，逐条检验是否已牢固掌握知识点，并迅速查出遗忘或遗漏的要点。

2. 重视课本

　　冲刺阶段的复习重点不在于做了多少难题，而在于对教科书精华的领悟程度。

（1）杜绝只看笔记，不看教科书的坏习惯。有些学生认为，平时自己认真听课，笔记中已经涵盖所有复习内容。事实上，笔记不能代替书本，一旦抄写中出现细小差错，学生仍照着学习，很可能在未来考试中失分。

（2）不忽视理科教科书。不少学生将数学、物理、化学的复习方法归结为"题海战术"，这显然失之偏颇。复习时学生应该仔细阅读理科教科书，掌握书上的概念、公式、例题，尤其是有些解题步骤。要知道，试题是万变不离其宗的，只有掌握了题目的本源，才有助于解题。

（3）外语课本的某些篇章，我们要背得滚瓜烂熟，做到脱口而出。对于语法要注意区分和记忆，这样才能保证学生在考场上写出有"法"可依的作文。

3. 研究历年考题 ✎

可以把做历年的高考试卷当作模拟演练的机会，在规定时间内独立完成。在模拟考试的过程中，要注意培养正确审题的习惯，尽量避免因审题错误而失分。另外，做完试卷后，要养成检查的习惯，至少先检查一遍，再核对答案。

认真分析就会发现，课本中知识点的重要性在考试中总能体现出来。只有重视基础知识点，你才能在考试中拿到应有的分数。

035

建立错题本，**避免重复犯错**

同学们对错题都是怎么处理的呢？是不是看几遍就完事了？一位高考状元的做法很值得我们借鉴，那就是准备一个错题本，把自己做错的题目都集中在一起，哪类题容易犯错，自己的薄弱环节在哪里，一目了然！

状元经验谈 | 我们的好方法

👤 郭宁	河北省高考文科状元

准备一个错题本是很好的复习习惯。错题本上记录的都是我们做错的题目，集中在一起，便于分析整理。做错题都是有一定原因的，比如，由于某个知识点没有掌握牢，或者某个方法还不会灵活地运用。根据出错的原因，可以找出很多类似的配套练习题，进行滚动式的反复练习，直到完全掌握这类习题为止。

郭怡辰　　　　　　四川省高考理科状元

　　我在高三复习阶段的每周日，坚持用3个小时左右的时间，把各科复习中遇到的有价值的题目分门别类地放到错题本中。这样做会使错题错得有价值，因为这种错误暴露了你知识上的漏洞或思维上的偏差。把这种题收集到错题本上，也是在为自己减负，不然试卷越积越多，考前根本看不完，并且抓不到重点，因为那时已忘了其中哪些题是有价值的。当然，总结会花不少时间，但我宁愿少看一本参考书也要建好一个错题本，因为上面全是有价值的题目，比任何一本参考书都有用。

冯锐　　　　　　宁夏回族自治区高考理科状元

　　做错了题并不可怕，重要的是你要从错误中找到原因，总结规律。准备一个错题本，将平时练习中做错的题都记在本子上。整理的每一道题包括题目、错误的答案、正确的答案和错误原因，必要的话还可以对正确的思路进行一些归纳整理。避免错误重现最好的办法莫过于把错题记下，从中吸取教训。

　　重视收集错题、研究错题，是很多高考状元共同的学习方法。研究错题可以帮我们整合出重要的知识点，而重新对题中疑难点进行思考能够帮助我们拓宽解题思路。每位同学都有做错题的经历，如果能利用好错题，避免重复犯错，也能极大地提高学习效率。那么，我们具体该怎样去做呢？

1. 重复抄写

　　把试卷上做错的题目在错题本上重复抄写两遍（连答案一起抄写），这样做的目的有两个：一是在重复抄写的过程中体会解题过程；二是在抄写的过程中对一些自己容易忽视的环节加深印象，避免在以后的考试中再犯同样的错误。

2. 错题评注 ✐

　　收集错题的目的在于掌握题目考查的知识点和解题思路。可将做错的题抄在错题本上，并在每道错题上用红笔加上批注。比如，在一道关于饱和生石灰溶液的选择题上可以这样写批注：首先分析两种解法的性质和特点，一种是定性分析，一种是定量计算；然后可以从饱和生石灰溶液联想到饱和硫酸铜溶液。当然，解题思路也要有相应变化。

3. 要点提醒 ✐

　　根据错误原因分析提出纠正方法，并提醒自己下次碰到类似情况应注意些什么。比如，经分析得知一道数学题的错误原因是审题不清，那就可以在这道题旁边写上批注：注意审题，要一字一字地念题！通过这种提醒的方法让自己引以为戒。

　　另外，我们整理好错题本后，在复习的间隙要经常翻阅，做到时时提醒，争取在以后的考试中遇到类似的题目不再犯错。

036
整理试卷，查漏补缺

　　高中阶段有许多考试，有的同学对历次考试的试卷随手乱放，漠不关心，有的甚至试卷都找不到了，这种做法是很不明智的。要知道，试卷是检验我们对知识掌握程度的最好手段，考后加以整理，查漏补缺，才能发挥出它们的最大价值。

状元经验谈丨 我们的好方法

> **👤 柴冰倩**
>
> 甘肃省高考理科状元
>
> 　　我觉得在考试后整理试卷是最好的复习方法。做完一套试题后，从头检查一遍答案，同时分析各个题目。比如，一般的、自己没做错的题目，不用再理会；自己做对了，但题目设计得很好的，要看一下解题思路，因为这种题很典型；由于题目的小陷阱或自己的思路有误而做错的题目一定要引起重视；自己几乎没有什么思路的题目要作为重点来复习。

刘恒宇

吉林省高考文科状元

　　每次考试后，不要只关注分数和名次，从中发现缺点、不足才是最关键的。不要放过每一处错误，把它们彻底搞懂、弄通，发现并及时弥补知识的漏洞，然后制订新的计划，确定新的目标。如果你能日复一日、年复一年地坚持下来，相信你会"百考成钢"，对考试做到应付自如。

于成亮

河南省高考文科状元

　　在高考复习期间，我将近年高考题的分类汇编做了3遍。最后一遍在高考前15天左右，将前一年各地考题做了一遍，将标号题中的典型题对照改错本复习了一遍，并对照考试说明，熟悉了一下高考的出题思路。注意：这时要绕开难题、偏题与怪题，侧重基础题的练习。

　　高中老师一般会让学生做大量的高考模拟试卷或往年真题，这些试卷都是老师、学校乃至县、市教研室精心编制的。因此，把做过的试卷扔在一边或"打入冷宫"是不合适的，应该予以充分利用。要利用，就要对试卷进行分类整理，并做重点分析。从以上几位状元的经验可以看出，他们利用试卷来复习都是很有效果的。

　　同学们只有对试卷上的题目做到真正消化理解了，才能发挥其最大的效用。另外，要提高自己的解题能力，还有一个秘诀就是做真题。我们备考时把考纲、教材主干知识、真题相结合进行复习，效果会特别好。

第5章

课外阅读：
使你的各项能力更上一层楼

关于课外阅读，我听到过同学们各种各样的议论："书店里的课外书那么多，我该如何选择呢？""平时的学习任务就很重，我该在什么时间进行课外阅读呢？""我爸爸给我买了四大名著，那么厚的书什么时候才能看完啊？"……

同学们，你们是不是也有同样的困惑啊？这一章，我们将解开谜团，让同学们真正体会到阅读的乐趣。

037
课外阅读也要有所选择

　　走进书店，各种图书充塞其间，令人目不暇接。有的同学喜欢看校园小说，直奔小说而去，其他书籍则不闻不问；有的同学喜欢看侦探类的书籍，走出书店时手里除了侦探类书籍外再无其他。同学们，这种做法可取吗？我们又该如何选择课外图书呢？

状元经验谈| 我们的好方法

> **👤 彭钦一**
>
> 福建省高考理科状元
>
> 　　高一上学期我迷上了言情小说，甚至上课时脑海中也是小说中的情节，结果耽误了学习。我意识到再也不能这样下去了，可一时又放不下，烦恼啊！这时爸爸的一番话让我看到了希望："把自己看言情小说的时间用来看名著，不给自己看言情小说的时间。"我按爸爸教的方法去做了，结果发现了另外一个世界，原来名著也很好看，看名著还让我积累了很多写作素材。

👤 **郑苇如** 　　　　　甘肃省高考文科状元

　　我在初中时就有课外阅读的习惯，那时对科幻小说特别感兴趣，自己的书桌上除了课本和学习资料，全是科幻小说，像"科幻小说之父"凡尔纳的作品《格兰特船长的儿女》《海底两万里》《神秘岛》《从地球到月球》等，我都读了好几遍。我觉得课外阅读开阔了我的视野，让我在学习之余彻底放松了一把。课外阅读让我受益匪浅，现在我的阅读兴趣已不限于科幻小说了。

👤 **谢远航** 　　　　　河南省高考理科状元

　　我喜欢看科普类的文章，霍金的《时间简史》我从头至尾看了一遍，虽然有很多内容不懂，但这本书让我对物理多了一层思考。看科普文章使我养成了提问题的好习惯，在上课时对老师讲的内容总是会多问几个为什么。老师夸我理解能力强，只有我自己知道那是课外阅读带给我的好处。

　　从以上3位状元的经验我们可以看出，课外阅读是很有必要的，但不是什么书都可以读。要确定自己需要的书目，只读对自己有用的，把宝贵的业余时间用在刀刃上。关于课外阅读，我们可以借鉴以下书目。

1. 教育部《大纲》中指定的中学生文学名著阅读书目 🖊

　　《西游记》《水浒传》《朝花夕拾》《骆驼祥子》《繁星·春水》《鲁滨孙漂流记》《格列佛游记》《童年》《钢铁是怎样炼成的》《名人传》等。

2. 中学生课外阅读书目扩展推荐 🖊

　　（1）文学名著类。《论语译注》《三国演义》《红楼梦》《鲁迅作品选读》《子夜》《家》《围城》《射雕英雄传》《汤姆叔叔的小屋》《少年维特之烦恼》《哈利·波特》《堂吉诃德》《简·爱》《巴黎圣母院》《红与黑》《复活》《老人与海》等。

（2）人生修养类。《美学散步》《谈美书简》《美的历程》《歌德谈话录》《圣经故事》《希腊古典神话》《音乐的故事》《人类征服的故事》《东方哲学的故事》《产生奇迹的行动哲学》《史记》《菜根谭》《傅雷家书》《知识改变命运》《成功之路》《培根论说文集》《孙子兵法》《三十六计》《名人的中学时代》《感动中学生的100个故事》《苏菲的世界》等。

（3）名人传记类。《居里夫人传》《拿破仑传》《邓小平传》《我生活的故事》等。

（4）科学技术类。《科学改变人类生活的100个瞬间》《科学与艺术》《科学发现纵横谈》《时间简史》《发明启示录》《中国：发明与发现的国度》《过去2000年最伟大的发明》《数理化通俗演义》《暗淡蓝点：展望人类的太空家园》《现代科学知识热点问题450例》等。

课外书籍浩如烟海，就算我们耗尽一生的时间去读也是读不完的，更何况我们中学阶段的学习任务是那样繁重，也根本不可能抽出太多时间用于课外阅读。面对这样的情况，我们可以依照上面列出的书目进行选择。

038
睡前阅读10分钟

　　许多中学生都表示，没时间进行课外阅读。是真的没时间吗？我们班的语文课代表是这样说的："时间是挤出来的，我习惯在临睡前阅读10分钟。这个习惯从小学一直保持到现在，课外阅读让我受益匪浅。"我很赞同这种做法，这样日积月累，结果也是很可观的。

状元经验谈**| 我们的好方法**

👤 刘楠枫	重庆市高考文科状元

　　学习之余我喜欢读一读文学名著，进入高中后，学习压力增大，可是又放不下课外阅读的习惯，怎么办？想了想，一天除去上课的时间，我们还有预习、做作业、复习等事情要做。想来想去，只有睡觉前可以挤出时间来读一读自己喜欢的书籍。睡前阅读还有一个好处就是可以缓解一天的疲劳，让大脑放松一下。

王鹏宇　　　　陕西省高考理科状元

　　初中时我有课外阅读的习惯，进入高中后，学习压力增大，究竟还要不要进行课外阅读让我很纠结。客观地说，课外阅读对我帮助是很大的，我的作文每次考试都能得高分就得益于课外阅读。现在学习内容增加了，什么时间进行课外阅读呢？我选在了睡觉前的10分钟。每天阅读10分钟，虽然时间比初中时减少了，但这个习惯还是保持了下来。

贺凯　　　　山西省高考理科状元

　　我在养成课外阅读习惯之前，总是感觉学习时间太紧，几乎将所有的时间都花在了复习课内知识上，对课外阅读并不重视。后来，我听老师讲了课外阅读的重要性，并听从老师的建议，坚持每天抽出睡觉前的10分钟进行阅读。这个习惯让我积累了很多的写作素材，写作文不再是令我头疼的事情了。

乔良　　　　宁夏回族自治区高考文科状元

　　老师经常给我们讲"集腋成裘，聚沙成塔"的重要性，每天抽出10分钟时间进行课外阅读就是这个道理，一点一滴的积累在短时间内或许看不见效果，但只要你坚持下去就会发现，你的理解能力、表达能力和想象力都会得到极大的提升。

　　郭沫若曾写过一副对联："读不在三更五鼓，功只怕一曝十寒。"意思是说，读书要靠平时下功夫，贵在坚持，不能心血来潮就加班加点搞突击。课外阅读也是这样，绝不能三天打鱼两天晒网，日久方显效果，以上4位状元的经验都给我们揭示了这个道理。那么，在进行课外阅读时，我们具体应该注意哪些问题呢？

1. 摒弃没时间进行课外阅读的观念

时间是挤出来的，关键看你会不会挤。每天10分钟还是可以挤出来的。比如，午饭后10分钟、晚饭前10分钟、睡前10分钟，等等。你可以根据自己的情况来确定具体在什么时间段进行课外阅读。

2. 睡前10分钟不要阅读情节激烈的小说

入睡前人的体温开始下降，思维变得迟缓，这时候如果阅读一些情节激烈的小说，大脑就会又处于兴奋状态中，这对我们之后的入睡是不利的，甚至会导致我们失眠。在入睡前，我们应该选择一些舒缓的散文进行阅读，这样既不会影响入睡，又可以逐步提高自己的阅读能力。

3. 克服"假阅读"的不良习惯

在阅读过程中，你是否有过这样的情况：眼睛明明盯着某页的文字，可你的思维却像是跑野马一样，不知跑到哪里去了，于是久久盯住某一页文字翻不过去。表面在阅读，实际上阅读效果并不好，这就是我们所说的"假阅读"现象。"假阅读"是无效阅读，是在浪费时间，还不如好好休息一会儿。所以，当你发现自己处于"假阅读"状态时，应及时检查自己是不是处于疲劳状态，不妨休息一会儿或做一些有氧运动。

很多写作能力不强的学生经常为自己不能拿下作文这块"肥肉"而唏嘘不已，觉得作文之难难于上青天。其实只要我们平时注意积累素材，注意增加知识储备量，提高自己的写作能力并不是多么困难的事情。每天睡前阅读10分钟就是很好的习惯，当大脑这个储备库里装的东西越来越多时，写作文时自然就能得心应手。

039
快速阅读使你的知识储备更丰富

　　课下和同学们聊天的时候，经常会听到有的同学跟我这样诉苦："老师，每天我的课外阅读时间很少，很多想读的书都读不过来，我该怎么办啊？"这种情况在学生中比较普遍，下面就给同学们介绍几种快速阅读的方法，让同学们在有限的时间里阅读更多的课外书。

状元经验谈丨我们的好方法

> **孟令航**
>
> 河北省高考理科状元
>
> 　　在拿到一本书后，我们不要一页一页地去翻，要先看书的标题和副标题、作者和出版者、编者的话和关于作者的说明等。然后，浏览目录，阅读内容提要、前言或后记。最后，以跳读的方式大体翻阅全书，并注意每章里面的小标题。这样就能基本了解这本书的内容。

👤 **靳雯琪**　　　　新疆维吾尔自治区高考文科状元

　　看课外书是我最大的爱好，我喜欢看《三国志》《资治通鉴》《庄子》等。在阅读课外书的时候，对于一般内容，我会加快阅读速度，而对于那些好句、好段，我就会慢慢品读。老师说我的作文从选材到立意都很大气，能够从民族、国家等角度去写，这些都与我的阅读习惯有关。

👤 **罗诗语**　　　　重庆市高考文科状元

　　我觉得中学阶段的学生，每个人的智力差别并不大，为什么有的同学阅读量大，而有的同学阅读量却少得可怜呢？问题的关键在于阅读速度有差异。一般的文学作品，不需要细细研究，我们可以采取快速阅读的方法，只要记住大致的故事情节和主要人物就可以了。当然，这本书所传达的社会意义也是我们要弄明白的。

👤 **李泰伯**　　　　北京市高考理科状元

　　课外阅读对提高我们的写作能力很有帮助，然而，我们平时的学习任务繁重，怎样利用有限的课外阅读时间呢？我告诉同学们一个小窍门：读一本书要读重点，比如重要人物的对话、活动，篇章的开头和结尾处，而一些细致的描写可以略过去，等有时间的时候再去细读。

　　中学生要掌握快速阅读的能力，这对提高阅读效率是大有帮助的。当然，快速阅读并不适用于所有的情况，比如，阅读经典著作就需要我们细细品味，这样才能读出其中的味道，而对于一般的文学作品，则适合用快速阅读法。在进行快速阅读时，我们应注意以下问题。

1. 要进行跳跃式阅读

读书时不要逐句逐段地读，而要跳跃式地读，即读开头、读领头句、读结尾、读文中的关键句，文中的关键句往往能反映本段的中心意思，抓住关键句无疑能提高阅读速度。

2. 要进行扫描式阅读

扫描式阅读，即阅读时视线要垂直移动，瞄准重要字词。比如，在阅读"那么，有没有一种快速阅读的方法呢？"这句话时，只要抓住"有没有""快速阅读"这两个关键词，就能理解这个句子的基本意思了。

3. 要进行组合式阅读，即群读

要想做到群读，需要经过不断的训练才行。我们可以找一篇通俗易懂的短文来进行群读，训练自己一次扫视3～5个字或词。经常进行这样的训练，阅读速度就能大大提高。

4. 要集中精力阅读

快速阅读时更应该集中精力，由于在同样的时间里要阅读更多的内容，不集中精力就难以留下深刻印象，这样便失去了快速阅读的意义。精力集中了，你会发现自己能逐渐进入阅读情景当中，进入作者所描述的对象当中，这样阅读，效果才是最好的。

快速阅读法是我们进行课外阅读的重要方法，高中阶段学习任务重，留给我们的自由时间很少，况且我们还要进行复习。如果每本书都细细阅读，不仅时间不够，阅读量也是很有限的，快速阅读则可以让我们在短时间内阅读更多的内容。

040
5种方法使你**做好读书笔记**

　　暑假开始前一天，我给班上的学生留了假期读两本课外书的阅读任务。在我看来，中学生在假期读两本课外书是完全有能力完成的。暑假过后，我检查同学们的完成情况，基本上出现两种情况：有的同学对阅读的图书没有什么印象；有的同学却能说出书中的大概意思，并能对书中的情节做一些分析。我特意了解了一下，读书效果好的学生都有做读书笔记的习惯。那么，究竟该怎样做读书笔记呢？

状元经验谈丨 我们的好方法

> 👤 **张雪悦**
>
> **新疆维吾尔自治区高考理科状元**
>
> 　　我在读课外书时习惯记笔记，书读完了，宝贵的资料也就留下来了，笔记记得多了，头脑里就有了随时可以支取的知识财富。另外，记录下书中的精彩内容还有助于提高自己的写作能力，让我在写作文时不至于搜肠刮肚，无从落笔。

张诗佳
陕西省高考文科状元

　　寒暑假是学生时代最长的两个假期，在这两个假期里，进行课外阅读是很好的选择，因为时间相对宽裕。我会在阅读时做一些读书笔记，具体做法是：准备一个专门的笔记本，读书时发现好的句子和有代表性的事例就摘抄在笔记本上。一个假期下来，半本笔记本居然用完了，这些素材的积累对于写作文是很有帮助的。

杨亚楠
山西省高考文科状元

　　假期时间较长，我们可以较细致地阅读课外书。读书时，我会在书眉或其他空白的地方写上许多批语，在重要的地方画上圈、线、点等各种符号。对于书中精彩的地方，我会进行专门的辑录。另外，每读完一本书，我还要写一则读书笔记，记录下自己的心得体会。假期结束，我感觉收获颇多。

　　俗话说："不动笔墨不读书。"以上3位状元的建议说明了做读书笔记的重要性。并且，自古以来，中外的文人、学者就很重视做读书笔记。列宁的重要著作《哲学笔记》，就是他读了一些哲学书籍后写成的。

　　下面我们来介绍一些做读书笔记的方法。

1. 批注式

　　在阅读自己订阅的报刊和购买的书籍时，为了加深对内容的理解，可边读边在重要的地方和自己体会最深的地方写写画画，把书中的重点词句和重要内容用圈、点、线等标记、勾画出来，或在空白处写上批语、心得体会、意见，或者是折页、夹纸条等。这是一种最简易的做法。

2. 摘录式

　　摘录就是把名言、谚语、佳句、事实、结论或一节一段，经过选择，准确地逐字逐句地抄录下来。摘录是积累资料的一种重要方法。

3. 心得式 ✏️

读书之后，自己有了收获、心得、体会或认识、感想等，赶紧写下来，这叫读书心得或读后感。这种体会式的笔记，应以自己的语言为主，适当地引用原文为例证，表达自己的看法、想法，写出真情实感来。

4. 提纲式 ✏️

把一篇文章的内容要点，按照段落层次，用简明扼要的语言写出来，叫作提纲。通过写提纲，可以把握全文内容。写提纲可以用自己的话来表达，也可以利用原文中的句子。提纲宜分行排列，标写序码时要注意层次、眉目清楚、条理分明。

5. 书签式 ✏️

平时读书时，遇到需要背诵的内容，可以记在书签上。把书签夹在课本里、放在口袋里或插在房间专放书签的袋子里，一有空就读一读、念一念、背一背，直到背得滚瓜烂熟、记牢为止，再把它存放起来。这种书签式的方法，可以帮助我们记忆。如此反复，脑子里积累的东西就会越来越多。

鲁迅先生提出，读书要"眼到、口到、心到、手到、脑到"。读书动笔，能够帮助我们记忆，掌握书中的难点、要点，有利于我们储存资料，积累写作素材，也有利于扩大我们的知识面，提高我们综合分析问题的能力。

041
阅读课外书不能仅凭兴趣

兴趣是一个人学习进步的动力，但做事不能仅凭兴趣，进行课外阅读也是如此。就像我们吃饭不能偏食一样，各种类型的书籍均有优秀的作品，如果只偏重于一种，眼界势必不会太宽。所以，读书也要防止出现"营养不全"的情况，除了读自己感兴趣的书外，其他适合中学生阅读的优秀书籍也要兼顾。

状元经验谈| 我们的好方法

 李卓雅

湖北省高考文科状元

同学们在进行课外阅读时一般是看自己感兴趣的书籍，有的同学喜欢看小说就只看小说，对其他类的图书很陌生。有的同学喜欢看散文，除了散文对别的类型的文章不闻不问。我和他们的做法不同，我是按照老师给我建议的阅读书目来读书的。大量的阅读提高了我的写作能力。

杨纯子　　　　　　　　　浙江省高考文科状元

　　同学们说我的作文写得好，甚至有几个同学非要我说说写作文的技巧。其实，真没有什么技巧可言。作文是由字词和句子组成的，这些可以看成是作文的基本素材。写作文时要想"下笔如有神"，肚子里没有这些素材是写不出来的。而积累素材最有效的方法就是进行课外阅读。中外名著、科幻小说、科普文章等，我都有涉猎。

王盼　　　　　　　　　河南省高考文科状元

　　我从小学起就喜欢读《西游记》，到初中毕业时已经看了好几遍。中学时，我一直坚持订阅《中学生阅读》杂志，它给了我很大的帮助，其中有优美的散文、学生的优秀习作及许多课文中疑难问题的解答。到了高中，我有意阅读了一些世界名著。广泛的阅读使我的理解能力获得了快速提升，对学习课内知识大有裨益。

唐天琪　　　　　　　　　天津市高考理科状元

　　有的同学只看自己感兴趣的课外书，这样做的好处是对自己感兴趣的一类书比较了解，但却容易导致我们知识面狭窄。中学阶段是打基础的时期，在课外阅读中应以广泛阅读为主，尤其要多读名著和老师推荐的课外书，以拓展知识面，增加见闻。

　　著名学者胡适说："为学要如金字塔，要能广大，要能高。"这句话的意思是说，学习要博览群书，要全方位、多角度阅读。阅读课外书也是这样。那么，我们在阅读课外书时要注意哪些问题呢？

1. 阅读科普读物要多思考

霍金的《时间简史》等科普读物包含了深奥的数学、物理、天文学等知识，适合深入细致地阅读，在读的过程中要多思考问题，想一想与我们课本上的知识有没有相通之处。读科普读物最要不得的就是，把它们当成小说匆匆浏览一遍。

2. 阅读科幻小说要展开联想

科幻小说建立在作者科学联想的基础上，比如凡尔纳的《海底两万里》。凡尔纳写这篇科幻小说时，世界上还没有潜艇，但作者凭着高超的想象力和掌握的科学文化知识写出了类似潜艇的水下船只，真让人佩服。我们在阅读类似的科幻作品时要注意两个问题。

（1）判断作品中出现的未来的事物是不是合乎科学发展的规律，如果发现作品中描写的事物明显不合乎情理，那就可以断定此作品是粗制滥造之作，果断放弃即可。

（2）锻炼自己的想象力。人类的想象力是无穷的，很多科学发明都源于作者的科学猜想。在阅读科幻类文章时要和作者一起展开联想，在联想中开拓自己的思路。

3. 阅读名著要分析其伟大之处

名著是经过时间的检验留下来的真正好的作品，阅读名著要思考这本书为什么广受欢迎，是作者天才使然，还是时事的造就？作者的构思有什么独特之处？对自己有哪些启发？名著带给人们的很多很多，思考时不必面面俱到，选一个角度深入分析即可。

有的同学除了阅读自己感兴趣的书籍，不知道怎样选择其他类型的书籍。这时候，可以请教一下自己的老师，也可以和同学们进行交流，听听老师的建议，看看同学们都在读什么书，取人之长补己之短。千万不要只是躲在自己的世界里，多方涉猎方能有所进步。

042
边阅读边**给自己设问**

针对课外阅读的问题，有的同学向我表达困惑："老师，上课时，我可以提出各种各样的问题，但在进行课外阅读时，很容易跟着作者的思路走，自己提出问题的意识不强，有时候即使想提出问题也不知道从何提起。面对这种情况我该怎么办呢？"同学们，你们都是怎样做的呢？

状元经验谈 I 我们的好方法

> 👤 **唐旭奕**
>
> **四川省高考文科状元**
>
> 我认为阅读课外书重在思考，我会边读边给自己提问，比如：作者的家庭对他创作这本书有影响吗？这部作品反映了当时什么社会环境？书中的人物在现实生活中有反映吗？除了大家归纳的主题，还有其他别人没看到的吗？经过一系列思考，你对这本书的理解会更深刻。

李卓然

湖南省高考理科状元

　　我在进行课外阅读时喜欢想象人物的不同结局，比如，经常这样问自己："如果某某不这样做会是什么结局呢？"通过这种想象提问，我养成了爱思考的好习惯。思考人的生活方式为什么千差万别，思考人们的价值观念为什么会如此不同，会让我对阅读内容有更深刻的了解和体会。

范孟辰

陕西省高考文科状元

　　课外阅读带给我最大的收获是提高了理解知识的能力。提问题是我阅读每本书时必须要做的事情。要提问就要发现问题，比如我在读海明威的《老人与海》时就有一个疑问：老人怎么有那么大毅力去战胜鲨鱼呢？我读完这篇小说后才明白，老人的毅力正是一种不服输精神的反映，作者强调的是"精神上的强大"。

　　苏联教育家苏霍姆林斯基曾经说过："能够在阅读的同时进行思考和在思考的同时进行阅读的学生，就不会在学业上落后。"那么，课外阅读中的思考从何而来呢？思考往往源于自己发现问题，进而提出问题。经常提问，你会发现整个阅读过程就会时刻充满新鲜、挑战和刺激，让你的课外阅读变得更有意思和意义。

　　怎样去发现问题和提出问题呢？其实，提问题是有技巧的，同学们可以参考下面几点。

1. 根据阅读材料提问 ✎

　　一篇文章是由很多材料组成的，根据材料提问是常用的方式。

　　（1）从题目入手提出问题。题目是文章的眼睛，一般题目都反映了文章的核心内容和意义。我们可以从"为什么"提问，比如，"为什么题目这样起呢？""换成我会拟什么题目呢？"

　　（2）从文中引用的材料提问。一部作品中总会引用一些材料，这些材料包括典故、引文、名人名言等。这时要问问自己：这些典故用得合适吗？还可以替换成其他的典故吗？那些引文、名人名言是否能作为最佳的论据？

（3）根据文体提问。比如，可以从说明文的说明方式是否合适、议论文的议论三要素是否完整等方面进行提问。

2. 比较法 ✏

比较法，即对相似的内容进行比较，找出不同点和相似点，从而提出问题。例如，阅读系列图书时，可以比较一下每本书之间有什么不同，从而提出问题，如这套书是从哪些方面来进行分类的？

3. 反向思维法 ✏

反向思维法，即把读到的内容反过来想，从相反的角度进行思考，用反义词或反问句进行提问。比如，我们读《水浒传》时可以这样提问：如果梁山众好汉不接受招安的话会是什么结局呢？

4. 追问法 ✏

这种方法需要我们有打破砂锅问到底的精神，追问越深入，对文章的理解就越深刻。比如读《儒林外史》时，爱追问的同学就会提出一系列问题，"小说的结构有什么特点呢？""文中塑造的哪个人物是最典型的？""作者塑造的人物有没有作者生活的影子呢？"，等等。随着追问的深入，我们对这篇小说的理解将会更深刻。

做任何事情，不付出努力都很难取得成果，阅读当然也不例外。走马观花式的阅读，很难在脑海中留下深刻的印象。而在阅读过程中提问，无疑能促使自己深入思考阅读的内容。提出的问题在一定程度上反映着自己对某一篇文章的理解，如果提不出问题，则说明自己根本没有读进去。

043
制作读书卡片，快速积累写作素材

　　彤彤是班里公认的作文高手，在一次关于课外阅读的班会上，同学们一致要求彤彤分享一下自己的写作经验。彤彤谦虚地说："其实也谈不上什么经验，我只是把业余时间用在了课外阅读上，还制作了很多读书卡片，上面记录着书中精彩的段落、优美的句子、名言警句等。这些都可以当作写作的素材，对我写作文帮助很大。"

状元经验谈| 我们的好方法

> 👤 周之恒
>
> 湖南省高考文科状元
>
> 　　我在课外阅读上下了很大功夫，其中让我受益最大的就是制作阅读卡片。我编制的卡片大致内容包括：文章的篇名及出处、体裁、作者信息，文章的主旨、段落结构、层次、线索，等等。根据这些字数不多的卡片，我就提纲挈领地掌握了整本书的内容。

馬博恩 　　　　　宁夏回族自治区高考文科状元

　　我在课外阅读中形成的习惯是制作阅读卡片，我喜欢在这些卡片上写上这本书的写作技巧、表现技法、修辞手法等。在制作这些卡片的过程中，我对所读过的内容有了更加深入的理解，每读完一篇文章或一本书，我的收获都是很大的。

王震霆 　　　　　湖北省高考理科状元

　　课外阅读中很多书都是读一遍就不再读了，怎样记住书中的大概意思和精彩句子呢？我的做法是做阅读卡片，在卡片上写上不同的内容。写有书中大概意思的卡片放在前言部分，写有精彩句子的卡片其句子出自哪一页就夹在哪一页里，如果看卡片时忘了这句话的语境就可以很快地从书中找到这句话的出处。阅读卡片帮了我很大的忙！

　　从以上3位状元的经验可以看出，制作阅读卡片是一种很好的读书习惯。它可以帮我们把文章的大概意思简要地记录下来，过了一段时间，你对这本书淡忘的时候，只要将记录着文章大概意思的卡片拿出来浏览一遍即可，由于之前看过此书，这时看卡片很快就会让你回想起书中的内容。将记录有某本书内容的卡片经常拿出来看看，这本书将在你的脑海中留下更深刻的印象。那么，我们在制作和使用阅读卡片时需要注意哪些问题呢？

1. 用硬一点的纸张

　　根据记录的内容多少，卡片纸也有大有小，应该用较硬的纸。这样做，一是不容易损坏，保存的时间更长一点；二是往外拿时，能轻易地从书中抽出来。

2. 要字迹清晰

因为要长期保存，卡片上的字迹要清晰，即使写得慢一些也不要出现潦草的字迹。不知你有没有过这样的经历：自己的字自己都认不出来了。这是字迹潦草造成的。为防止这种情况出现，写卡片时字迹一定要清晰。

3. 概括文章大意和摘抄的内容一定要准确

在从书中摘抄精彩的句子或段落时，一定要集中精神，防止抄错。另外，自己对文章主旨的把握一定要准确，在概括好主旨后，应该想办法求证一下，上网或请教老师都可以。

4. 定期看一看卡片上的内容

阅读卡片做好后不要扔在一边不管了，要勤于查看。卡片上浓缩了阅读的内容，看一遍不会耽误多少时间，对自己的帮助却是很大的。

5. 将卡片和书一起存放

阅读卡片要和书一一对应存放，概括文章主旨的那张要放在前言处，摘录内容的卡片要放在书中相应位置，合上书保存，这样卡片夹在书中就不容易掉出来，也便于对照查看。

总之，读了一本书或者一篇文章后，把它的中心思想或精彩段落、词句抄录下来留作将来的资料，最好的办法就是制作读书卡片。卡片的特点就是"活"，我们随时可以对资料进行整理、归类和查阅，也可以对内容做修改或增补。制作读书卡片不是一件太复杂的事，但对我们学业的帮助却是很大的，因此，要有效利用起来。

第6章

学会考试：
良好的应试习惯助你更成功

有不少学生这样问我："老师，我平时学得也不错，为什么一到考试就发挥失常呢？"考试发挥失常只是一个表象，实质是很多学生在考试中存在各种各样的问题。观察那些高考状元，我们可以发现他们身上存在一些共同点：他们考前很少出现手忙脚乱的情况，考试很少有发挥失常的时候……他们的秘诀究竟是什么呢？

044
答题前先审题

　　每年高考后都能听到个别同学发出这样的叹息声："哎！那道题我本来应该能够得分的，但谁知没看清条件……真可惜啊！"同学们，你们有过这样的经历吗？为了避免这样的事情发生，一定要紧绷"审题"这根弦，该得的分一定要得到。

状元经验谈 | 我们的好方法

> **刘智昕**　　　　　　　　　　北京市高考理科状元
>
> 　　审题不要怕费时，花一点时间在审题上是很有必要的，如果不审准题就匆忙作答，很可能会费力不讨好，审准题后答题会更让你得心应手。审题时还要注意慢一点，把每个句子、条件、问号的意思都弄清楚。

刘嘉琪　　　　　　广西壮族自治区高考文科状元

审题时，要注意题目前后有无说明性、提示性和解释性文字。审题时一定要先弄清问的是什么，而不要忙于去想答案是什么。要弄清解题的条件（给了几个已知）、发问事项（求哪个未知）、解题的规则（如"作文限800字"）、写答案的地方（如"把答案填在答题纸上"）等。

杜京良　　　　　　江西省高考理科状元

我觉得在审题时一定要留意题目的所有条件，比如，物理题有时会给出很多物理量，这时不妨把已知的物理量都圈起来，做题时如发现所给物理量没用，肯定是答题思路有问题，一定要重新思考。其他学科也可以运用类似的审题方法去分析。

丁洁　　　　　　安徽省高考文科状元

不要小看题干中的每个隐含条件和细节，审题一定要非常仔细。看看该题前后有无在括号内的说明性、提示性、解释性的文字，看清题目的要求。试题的说明性文字是判卷的依据之一，答非所问或不按要求答题，即使答案正确，往往也不能得分。例如，列方程解应用题、多项选择、答案保留小数点后两位等。

常言道："磨刀不误砍柴工。"审好题是答好题的前提条件。从以上几位状元的经验我们可以看出，审题是十分重要的，也是有方法可循的。同学们可以这样做：

1. 重点标示

审题是考试中很重要的环节，特别是大题，更要在心中默读几遍，并且要特别注意一些专业术语，有时一个词包含了很多引申意思。你可以一边读题一边用铅笔将题目中给出的已知条件、潜在条件及要求解决的问题一一标出，这样回过头来检查时就可以知道它的关键点在哪儿。

2. 瞄准关键词

审题时一定要看清题干中的关键词，按要求作答。常用的关键词有下列几种。

（1）简述：即简单扼要地叙述，要求抓住事物的主要特征、性质、原理，省略次要细节，突出结构排列与主体。

（2）论述：叙述一件事或一个现象，加以肯定或否定，并对它的重要性和假设进行分析。

（3）分析：要求论述主要思想、观点及其相应关系、论据、假设和意义。

3. 看标点符号

在审题过程中，首先应看清一道题中有几个问号和句号。一般来说，有几个问号或句号，这道题就有几个需要重点解决的问题，看漏一个就会少答一个，看错一个就会答错一个，因此一定要弄清楚。全部审完题再动笔，别一看题就冒失下笔。一次未看懂，就从头再看一遍。这一点说起来简单，但许多同学就是做不到，所以一定要重视起来。

4. 留心眼熟的题

北京四中优秀生徐欣说："去年考文综，我遇到一个与平时题目'相同'的题，不假思索就写上了答案。考后才发现，它们之间'形似而神异'，结果大相径庭。"因此，我们见到熟悉的题不要盲目高兴，高考一般不会出现原题，此时更要注意细小变化产生的巨大差异。

这里，我们总结了答题16字要诀：审清题意，明确要求，整体思考，按题作答。审题是第一位的，这一点同学们一定要谨记。

045

高效答题七要点

要想在考试中应对自如，就要熟练运用各种答题技巧。有的同学对答题技巧嗤之以鼻："我从小到大不知经历了多少场考试，还需要答题技巧吗？"持这种观点的同学可能不在少数，让我们看看高考状元们都是怎么做的吧！

状元经验谈｜ 我们的好方法

👤 **查韦婷**

安徽省高考文科状元

　　一份试卷的题目往往很多，做完后检查对错的时间却非常有限。我的做法是对于完全肯定的题目直接略过，重点琢磨那些有疑问的题目。如选择题中，四个选项中可以确定有两个可能是正确答案，那就直接略过另外两个，在剩余两个选项中做选择，这样就能最有效地利用考场上的每一分钟，避免浪费时间。

> **👤 张翔雁**　　　　福建省高考文科状元
>
> 　　考试中解答一道题时，学会联想到其他试题，也是一个重要的答题策略。遇到考查相似知识点的情况，可以花两三分钟时间把考虑出来的内容要点迅速记在草稿纸上。整张试卷内总会有一些试题能够相互启发。因此，这种联想也是很有用的。

> **👤 王亚玉**　　　　河北省高考理科状元
>
> 　　在考试中，草稿纸要使用得当、规划合理，不要在上面乱写乱画。打草稿也应该像解题一样，一道道挨着往下写，而且要步骤清晰。可以在草稿纸的题号前注上自己可识别的符号，以确定检查的侧重点。总之，要做到条理清晰。这是一个良好的习惯，也是考试中一种有效的方法。

　　从以上3位状元的经验可以看出，他们各有各的答题技巧，从而得以更顺利地答题。题做得再多，也不代表你的答题技巧就很高，答题技巧需要我们有意识地应用到解题中去。一般来说，我们在答题时要注意以下几点。

1. 按照题目要求作答 ✏️

　　比如，要求你列方程解应用题，就应该先列出方程。

2. 答出"采分点" ✏️

　　答题的用语要规范化、专业化，避免口语化，这样才能答出"采分点"。

3. 不盲目省略 ✏️

　　将解题步骤清楚地书写出来。不要认为自己心中能想出正确答案就可以省略必要的步骤，因为评卷标准上常常是按步给分的。

4. 做必要的总结 ✏️

如果一个题的几个解答分散在解题过程中，应在此题解的最后简明地汇总列出这些解答，以便于老师阅卷评分。

5. 保持解题过程的一致性 ✏️

要注意保持前后解题过程的一致性，使答案完美准确。如在单位的处理上，对已知数无单位的试题，最后不要随意添加单位；对已知数有单位的试题，最后不要忘掉单位；设未知数要注意带单位；同一题单位不同时，要先换算好单位，再进行计算。

6. 保持卷面整洁 ✏️

保持卷面整洁很重要，潦草的字迹是一定要避免的。假如一道题你答对了，但由于阅卷老师看不清你的字而没给分，想想看，这是多么冤枉啊！另外，卷面中出现的图形要画得基本符合已知条件，并且要画得工整。

7. 涂答题卡有讲究 ✏️

建议同学们做一题涂一个，不要等到试卷做完了再去涂。万一做完试卷由于时间太紧张耽误了涂答题卡，题做了，答题卡没涂完岂不是太冤枉了。涂卡时还要注意按标准的格式涂。

另外，除了注意上面7个要点，还要注意答题顺序。尤其答文综和理综的试题时，答题顺序显得更为重要。我建议同学们分科去做，以保持思维的连贯性。分科做时，要先做你拿手的科目，并且一定要把握好时间，如果做前面的科目用去太多时间，后面的科目就来不及做了。

046
慎做难题，确保基础题得分

　　仔细分析近年的高考题，你会发现其中根本没有什么偏题、怪题，只有少数几道难题。这提示我们，平时做题要多做基础题，牢牢掌握最基本的解题方法，而不要在偏、难、怪题上花太多时间。有的同学喜欢挑战难题，但由于基础不牢，结果在高考中一败涂地，这是我们应该力求避免的。

状元经验谈| 我们的好方法

> 👤 **贺维艺**　　　　　　　　　湖北省高考理科状元
>
> 　　高考试卷最基础的题目占80%左右，这些算是送分的。剩下的10%~15%偏难，占15~30分，也就是最后的两三道题。一般来说，数学得130分就算比较高了。也就是说，如果考生能把最基础的题目全做对了就有120多分，难题不做也影响不大，而且难题靠的是平时的积累，临考再抓也可能得不偿失。

华天韵　　　　　江苏省高考理科状元

做基础题时应养成一步到位的习惯，争取一次就做对。同时，如果做完试卷还有时间，应把最有希望得分的题再细心地检查一遍。总之一句话，就是要尽量保证"会做的题不失分"，拿下基础题的分数。

杨帆　　　　　福建省高考文科状元

对于数学题的解答，我的经验是关注普通解题法，有余力再掌握一些技巧。由于文科的数学题难度一般都不太大，基础题（用普通解题法可以顺利解出的题目）占绝大多数，因而在平时的练习中，我会首先掌握基础试题的解法。因为高考试卷中考查的大部分都是基础试题，这些题我们要确保不丢分。

管良剑　　　　　江西省高考文科状元

谈起答题经验，我认为做好基础题是最重要的，什么怪题、难题，我个人是不大做的，因为没有基础的话，这些就像是空中楼阁。而有的同学将大量的时间浪费在超纲题目或是解题技巧十分复杂的题目上，希望在高考中能得最后两道难题的分数，在我看来，这是舍本逐末的做法，因为高考试卷中的难题毕竟只占一小部分。

以上几位高考状元的经验说明了把握好基础题的重要性。一份标准的考卷，其难度应该是遵循3：5：2的规律，即简单题占30%，中等题占50%，难题占20%。这意味着基础题占了80%，如果你能提高做题的正确率，各科都能答对80%的基础题，就可以考到120分以上。

那么，我们该怎样来确保基础题得分呢？

1. 熟记基础知识点

就理科而言，某一知识点，对于它的条件、适用范围、会得出的结果，以及这些结果在什么计算中会用到，我们心中都要清楚。这样，我们做题时就可以得心应手。相反，如果调用每一个知识点或公式对你来说都很困难，那你就只能"望题兴叹"了。所以，在平时的练习中就要熟记知识点。

2. 记忆特殊值

在平时做题时，同学们要注意总结很多有用的小结论，并经常用一用，这样做对提高解题速度有很大帮助。比如数学的学习，对于立体几何，把常考的方法总结出来，如证明线线垂直的方法、证明线面平行的方法等。这样一来，考试时如果遇到这一类型的选择题或填空题，马上就能得出答案，答题速度会明显加快。特别是对理科的考生而言，可以为他们做最后的两道难题省出时间，向满分冲刺。

3. 减少失误

考试的最佳策略就是"向会做的题要分数"，对于会做的题目，我们一定要争取减少失误，拿到该得的分数。在平时的学习中，要养成多练勤改的习惯，将容易做错或容易忽略的地方多做修改。如容易做错的数学题，要尝试用不同的方法解答，然后在所有方法中，找到最适合自己的解题思路和方法，这样才能节省时间，提高做题的速度。

对于基础题，我们要重视起来，平时练习时要求自己各方面都做到规范化，达到熟练、准确计算的目的。而且，还要总结做题的经验，从中找出规律，训练基本功。这样，在考场上，我们才能向会做的题要分数，做一题对一题。

047
让你多得10分的**考场时间分配法**

有的同学在考试中没有时间意识，在自己不会做的题上"纠缠"很长时间，结果后面会做的题却没时间做；有的同学考试时间分配不合理，前松后紧。这些情况都会严重影响自己的考试成绩。那么，我们怎样做才能高效利用有限的考场时间呢?

状元经验谈| 我们的好方法

> 👤 **张思伟**　　　　　　贵州省高考理科状元
>
> 通过通览试卷初步了解试题的难易程度，可以有效克服"前面难题做不出，后面易题没时间做"及"漏做题"的问题。若觉得试卷容易，应告诫自己："我易人易，不可大意。"若觉得试卷较难，则应牢记："我难人难，决不畏难。"这样既可避免因粗心而漏做题目，也可防止"捡了芝麻，丢了西瓜"。

从上面高考状元的考试经验中我们可以看出，考试中时间的分配是非常重要的。

　　总的来说，考试时需要合理安排和分配时间。只要答卷时间分配得好，超常发挥也不是什么困难的事。

048
检查试卷**五妙招**

有的同学考试过后常常后悔：那道题很简单呀，如果当时检查一遍就好了。检查试卷是考试的一个重要环节，可以避免一些不必要的丢分。不过，考场上的每一分每一秒都是十分宝贵的，在有限的时间里，怎样做才能使检查最有效呢？

状元经验谈 | 我们的好方法

刘壮
安徽省高考理科状元

答卷时要充分利用给定的考试时间，不要匆匆忙忙地抢先交卷，一定要留些时间进行复核和检查。检查过程中首先看题目是否有遗漏，如有遗漏，应迅速补充完整。对各类题型的作答过程和结果，有时间要全面复查一遍，时间不够则检查重点。

翁凯浩　　　　　浙江省高考理科状元

　　基础题得分和丢分都很容易，越容易的题越要仔细。我在高考中能超常发挥，很大程度上是因为考试时基础题得分高。比如做选填题时，无论题目多简单，我都会在做完后再检查一遍，确保能做的题目不出错。既然得不到难题分，一定要保证简单题不出错。

龙婷　　　　　贵州省高考理科状元

　　在检查答案时，不少学生把答案反复检查了好几遍还是发现不了错误，而结果却是做错了。这是怎么回事呢？因为他们一直在用同样的方法检查，这是受了惯性思维的限制。因为反复受到相同的刺激，人的行为就会产生相同的反应。尤其在演算单纯的计算题时，再次检查答案正误时就容易犯第一次检查时的毛病。所以，不如换个角度，改变顺序，或倒过来推演，从不同的角度确定答案。

　　从以上3位状元的经验可以看出，检查在考试中起着重要的作用。由于各种题型的解题方法和要求不同，我们可以有侧重点地对不同题型进行检查。常用的检查方法主要有以下几种。

1. 逐步检查法

　　逐步检查法就是从审题开始，一步一步地检查，从中发现问题并进行矫正。这种方法往往不能发现在解题思路上的根本性错误，但可以检查出计算和表达上的一些错误。

2. 结果代入法

　　结果代入法是将结果代入公式，看看是否能反向求解出原题所给的已知量，或者是从已求得的结论向已知的条件推导。这就是典型的"逆向确认"

的方式。

3. 试题重做法 🖉

如果时间允许，可将某些试题重做一遍，如两次解答获得同一答案，一般就不会有错。对于发现问题较多的试题，也可以重做一遍。

4. 草稿检查法 🖉

值得提醒的一点是，清晰、有序和结构明了的草稿纸是检查答案的有效线索。因此，使用草稿纸时事先要设想好和规划好，以利于检查时使用。

5. "老毛病"专检法 🖉

在检查时间不足的情况下，同学们可以专门检查自己平时容易出错的"老毛病"。一般来说，一是查物理单位是否有误；二是看计算公式引用有无错误；三是看结果是否比较"像"是正确的，如数字结论是否为整数或有规则的表达式，若结论为小数或无规则的，则最好用其他方法重新演算，这是最保险的措施。

值得一提的是，检查试卷也不能检查"过度"。比如，对于有些不太确定的选择题答案，我们是不是要改动呢？对于这种情况，我建议同学们不要改动。原因是经过一番答题，思维已经不如刚答题时灵敏，再加上临近交卷时，也会容易出现一种心急的状态，这时候的判断很可能是错误的。

049
正确排解考前焦虑

　　临近高考，有不少考生容易出现紧张情绪，甚至发展为"考试恐惧症"，出现失眠等症状。专家建议，要想缓解焦虑情绪，就要对自己有一个客观的定位。考前过高的期望反而会使自己压力大增，甚至发挥不出正常的水平。保持好心态，说不定能超常发挥。

状元经验谈 | 我们的好方法

👤 李昀格	辽宁省高考理科状元

　　考试之前，同学们多多少少都会有一些焦虑。我让自己心情好起来的方法很简单，我会反问自己："考试再难，自己能发挥出自己的正常水平就行了，我为什么要闷闷不乐呢？"这样一想，自己的心情反而会轻松很多。这是我最常用的一个缓解焦虑的方法。

> 👤 **周碧瑶** 　　　　　　江西省高考文科状元
>
> 　　我在考前会找自己的好朋友谈谈心，我们之间什么话都可以说。这样，考前的压力在我们的聊天中就消失了。同学们可以找到适合自己的排解考前压力的方法，如散散步、打打篮球等，都是可以尝试的。

　　考前产生焦虑心理并不可怕，从以上两位状元的经验可以看出，克服考前焦虑心理是有很多方法的。除了上面提到的方法外，我们还可以借鉴以下方法。

1. 正视压力

　　俗话说："有压力才有动力，没有压力轻飘飘。"心理学研究表明，适度的压力有利于学习效率的提高，而过高或过低的压力却不利于学习效率的提高。所以，压力本身并不可怕，很多时候，人就是因为有压力而使自己的能力得以超常发挥的，重要的是如何把压力调整到适度。

2. 适当降低考试期待

　　焦虑往往是由过高的期待引起的，考前焦虑也一样。有的同学考前给自己提出过高的要求，比如，希望自己的数学成绩考到120分以上，实际上他平时的考试成绩都是在100分左右。这时过高的期待会引起焦虑心理。唯一的解决办法就是降低期待。如果放松心情去考试，反而容易拿到高分。

3. 学会自我减压

　　考前自我减压，主要有以下方法。

　　（1）自我宣泄。可以将自己的郁闷心情、紧张情绪向家人、朋友、老师倾诉，或者采用跑步、打球等方式来宣泄自己的不良情绪。

　　（2）做深呼吸。可以坐着或者躺着，首先要缓慢地吸气，然后停顿几秒，再吐气，这样多反复几次。

（3）按摩内关穴。可以用右手的大拇指顺时针按摩左手的内关穴，每回36次，能起到调节情绪的作用。

（4）全身肌肉放松。闭上眼睛，心里默念身体需要放松的部位，同时用心去感受放松的感觉。

（5）积极想象。可以尽量回想自己曾经成功的时候，还可以伴随舒缓的音乐想象明朗舒适的环境。

4. 学会积极自我暗示，增强信心

考试之前对自己说："我能行！有什么了不起，不过如此而已！""我相信自己！那些考题已经重复很多遍了，再大的困难也不放弃，能挺过去！""不管考得怎样，我尽了最大的努力就无怨无悔了！"多说一些积极的话，对于战胜考前焦虑是有好处的。

另外，高考前绝不能相信社会上、网络上有关"出售高考试题及答案""出售作弊器材""代考"等的传言或有害信息，避免上当受骗。如果考前动了歪脑筋，不仅会影响我们的心态，更有可能使自己抱憾终生。

050
考前准备做到位

我曾听到过这样一件事：某地一名高三考生因为忘带准考证错过入场时间，造成当年的高考失败。这是多么令人遗憾的事情啊！高考进入冲刺阶段，对同学们的身心是一次极大的考验。在这个关键时期，同学们也要忙里偷闲，检查一下是不是做好了充分的准备，千万不能因为一些丢三落四的小事而使高考功亏一篑。

状元经验谈｜我们的好方法

👤 张韵凝	北京市高考文科状元

考前要事先熟悉考试场地。考生拿到准考证后，要到考点看看。考前注意劳逸结合，不加班加点，要对前一阶段的复习内容进行"回头看"，不要再大量做题，而是应该回归课本，尤其是综合科目，要更加注意夯实基础，熟悉课本中的主干知识。

刘奕君 海南省高考理科状元

高考前要注意饮食，避免吃坏肚子的情况发生，再就是要注意营养均衡。瓜、果、青菜、鱼、豆类等都要吃一点儿，可适量吃些瘦肉类，切勿吃不卫生的食品。菜的花样要多，牛奶、蛋糕类可适量吃些，但不可过度"开小灶"。有的家长给孩子花大量的钱买各式各样的"滋补液""健脑液"，其实大可不必，补得不当还可能适得其反。

大家的高中学习接近尾声，考前复习也差不多结束了，能力水平基本都定型了，关键就看考场发挥情况了。为了发挥得更好，走进考场前的准备工作不能少，万全的准备让我们考试时更从容自信。

考前准备工作关系着考试的成败，同学们一定要重视起来，以一个健康的身体和心理去迎接高考。